El síndrome del impostor

TÉCNICAS PARA GESTIONARLO Y SUPERARLO

El **síndrome** del **impostor**

TÉCNICAS PARA GESTIONARLO Y SUPERARLO

Belén Martul Hernández

LIBSA

A Rosa Hernández,
por haber sido una gran mujer.
Por haber creído siempre en mí.
Y porque mi madre se merecía
que le dedicara este agradecimiento.

© 2025, Editorial LIBSA
C/ Puerto de Navacerrada, 88
28935 Móstoles (Madrid)
Tel.: (34) 91 657 25 80
e-mail: libsa@libsa.es
www.libsa.es

Textos: Belén Martul Hernández
Imágenes: Shutterstock
Maquetación: Roberto Menéndez González
Diseminando Diseño Editorial

ISBN: 978-84-662-4414-5

DL: 18397-2024

CONTENIDO

INTRODUCCIÓN

Imagina

Imagina que estás en un escenario bajo un foco que te ciega. Sabes que te encuentras ante un auditorio repleto de espectadores que ansían escuchar tus palabras. Tu corazón empieza a acelerarse, te sudan las manos, sientes que no va a salir tu voz y, en ese momento, en tu mente aparece un pensamiento: «No te mereces estar aquí. Pronto todos van a descubrir que eres un fraude».

Este pensamiento es el desafío constante al que se enfrentan millones de personas todos los días, una sensación que experimentan los que viven con el síndrome del impostor y que les hace creer que no se merecen sus logros, que su éxito es consecuencia de un golpe de suerte, y que las personas que los rodean están engañadas.

El síndrome del impostor, bautizado en su origen como *The Impostor Phenomenon*, o «fenómeno del impostor», por las doctoras Clance e Imes, no es solo un término de moda que se utiliza a menudo en charlas casuales; es una vivencia real que afecta a personas —sin discriminación de género, edad o nivel de éxito— en todas las etapas de la vida y en todos los ámbitos. Puede hacerte sentir como un fraude a pesar de tus logros evidentes y, paradójicamente, puede intensificarse cuanto más éxito se tiene. Quizá sientas un nudo en el estómago cuando recibes un elogio, y al revisar tus logros te encuentres con frecuencia preguntándote: «¿Cómo he llegado hasta aquí?, ¿realmente me merezco este reconocimiento?». Si es así, este libro es para ti.

Cuando se habla del síndrome del impostor, no se hace referencia a ninguna enfermedad; es una experiencia psicológica relacionada con la autoestima y la autoevaluación, por eso hay muchos que prefieren utilizar el término «fenómeno» para referirse a él. No requiere de un tratamiento médico, y todas las técnicas y estrategias propuestas para liberarse de este sentimiento de impostura están orientadas al autoconocimiento, fortalecimiento de la autoestima y confianza en uno mismo e identificación de creencias limitantes que impiden sacar el máximo potencial de cada uno.

A través de las páginas de este libro, descubrirás por qué surge, cómo actúa, qué hechos pueden provocar su aparición y, lo más importante, comprobarás si actualmente lo estás experimentando o lo has sentido alguna vez en tu vida. Si el resultado es afirmativo, averiguarás cómo puedes gestionarlo para dejarlo atrás y superar este sentimiento. Encontrarás estrategias prácticas que no solo te ayudarán a comprender la naturaleza del síndrome del impostor, sino que también te darán herramientas para desafiar tus voces internas negativas, vencer tus dudas y recuperar la confianza de que te mereces estar donde estás, afianzando la seguridad en tus competencias y capacidades.

Es posible que tú no tengas el síndrome del impostor, pero quizá haya alguien cercano a ti que sí lo esté experimentando. Leyendo este libro podrás entender mejor cómo se sienten, y dispondrás de más recursos para ayudar a esas personas cercanas y exitosas a mirar la realidad de una manera más objetiva y a que aprendan a celebrar y disfrutar de sus logros. También encontrarás, en un capítulo final, cómo educar a los menores para que crezcan libres de este sentimiento de impostura y por qué tu contribución es fundamental para conseguirlo.

¿Te imaginas qué pasaría si lograras transformar ese sentimiento de inseguridad en una fortaleza? Si tienes ganas de superar los límites que te han frenado, y quieres convertirte en el protagonista de tu propia vida, en este libro vas a descubrir muchas claves para conseguirlo.

Vamos a ir paso a paso y contando la historia desde el principio, para que este sentimiento de impostura no vuelva a quedar camuflado. Hoy hablamos del síndrome o fenómeno del impostor porque las doctoras Pauline Clance y Suzanne Imes iniciaron una investigación, sorprendidas ante el hecho de que muchas mujeres altamente capacitadas, con logros reconocidos a sus espaldas, desconfiaban de sí mismas; pensaban que su éxito era un fraude y que, antes o después, serían descubiertas. Lo curioso es que todas se hacían la misma pregunta, la que da la primera pista: «¿Soy lo bastante buena?».

QUÉ ES EL SÍNDROME DEL IMPOSTOR

Seguro

que en más de una ocasión has oído hablar del síndrome del impostor. Muchas personas famosas y exitosas han reconocido que lo han experimentado, como Kate Winslet, Emma Watson, Tom Hanks, Michelle Obama o David Bowie, entre otros. Puede que haya personas de tu entorno a las que ves triunfar y que, sin embargo, también son víctimas de este fenómeno. Es posible, incluso, que cuando leas las primeras páginas de este libro sientas que has experimentado o experimentas este síndrome. Es algo relativamente común en el mundo en el que vivimos, donde nos marcamos unos niveles bastante altos de autoexigencia y nos comparamos constantemente con los demás y con los resultados que observamos en ellos. Este síndrome también tiene bastante que ver con lo que consideramos «éxito», la importancia que damos a la valoración que los otros hacen de nosotros y a la autopercepción que tenemos, que a veces nos hace dudar de nuestros logros.

La mente es poderosa y «juega» con nosotros. A igualdad de capacidades, los comportamientos de cada individuo varían. Los pensamientos automáticos que nos mueven son fruto de creencias arraigadas en nuestro interior. A veces, estos pensamientos pueden boicotearnos y hacer que no percibamos nuestros méritos, que sintamos que nuestro éxito es fruto de la suerte o de casualidades y nos sintamos unos impostores. ¿Soy suficientemente bueno? ¿Cuándo van a descubrir que no valgo? Si te haces a menudo estas preguntas, es posible que sufras el síndrome del impostor. Vamos a ver con detalle en qué consiste, cuándo surge este concepto y qué lo caracteriza.

SIGNIFICADO

El síndrome del impostor hace referencia a un fenómeno muy frecuente que se da en personas que viven situaciones de éxito, que están muy preparadas y que, sin embargo, **no son capaces de interiorizar sus logros**.

Viven con el **miedo** constante **a ser descubiertas como un fraude**. No se consideran lo suficientemente buenas para la tarea que desarrollan, o a la que se van a enfrentar, y experimentan la ansiedad ante el temor de que en cualquier momento alguien se dé cuenta de que son unas farsantes y de que no se merecen los éxitos que han logrado.

Este fenómeno se da especialmente en personas con altas capacidades y que por falta de confianza en sí mismas viven en comparación permanente con los demás, no se sienten merecedoras de los éxitos que alcanzan y temen siempre no poder repetirlos. Tienden a rechazar los elogios, buscan la perfección, trabajan continuamente por la excelencia y reconocimiento y quieren mostrar a los demás que son capaces y merecedoras de las expectativas que han puesto en ellas. La realidad es que no creen en ellas o dudan de su valía, aunque este sentimiento lo guardan en su interior y no hablan de ello ni siquiera en su entorno más cercano, lo que añade a sus vidas una sensación de soledad.

El síndrome del impostor se ve tanto en hombres como en mujeres, aunque se ha detectado un número mayor de casos en el segundo grupo. De hecho, el primer estudio que se realizó se puso en marcha al observar que este fenómeno se repetía en un número llamativo de mujeres con éxitos reconocidos, como veremos en el siguiente apartado. Estudios posteriores han demostrado que afecta por igual a los hombres, aunque con algunos matices que veremos en los diferentes capítulos del libro.

No se trata de un trastorno en sí mismo, por eso hay quien prefiere denominarlo el *fenómeno del impostor*. Son muchos los artículos que se han escrito hablando de él, y las referencias a este concepto han aumentado de forma considerable en los últimos tiempos. En las redes sociales forma parte del lenguaje cotidiano, y las búsquedas de este término en internet han crecido de manera considerable. ¿Qué sabemos de lo que hay detrás de este síndrome y qué lo caracteriza? Empezamos por conocer el origen de este término.

CUÁNDO SURGE ESTE CONCEPTO

El término *síndrome* o *fenómeno del impostor* fue acuñado por las psicólogas clínicas Pauline Clance y Suzanne Imes en 1978. Todo comenzó en 1974, cuando a la doctora Clance le llamó la atención que entre sus clientes y alumnos que poseían altas capacidades había un porcentaje significativo de ellos que dudaba de sus habilidades y competencias. Al compartir estas observaciones con la doctora Imes, comprobaron que era un fenómeno bastante extendido entre individuos con altas capacidades, especialmente entre mujeres. Decidieron realizar juntas un estudio para describir las características comunes de estas personas y, posteriormente, trabajaron en desarrollar estrategias efectivas para poner en práctica con sus clientes.

La investigación sobre el fenómeno de la impostura la realizaron con una selección de 150 mujeres de alto rendimiento y éxitos comprobados cuyo sentimiento interior era el de no percibirse como brillantes y sí un fraude para los que pensaban de ellas precisamente lo contrario. A pesar de mostrar un funcionamiento intelectual superior a la mayoría, ser respetadas en sus respectivos campos profesionales o ser estudiantes reconocidas por sus destacados resultados académicos, se consideraban a sí mismas como «impostoras». Con frecuencia, muchas pensaban que habían sido admitidas en una universidad o en un trabajo por un error, un golpe de suerte, la ayuda de alguien o porque sus capacidades se habían sobrestimado. Los síntomas que presentaban las mujeres objeto de este estudio eran ansiedad, falta de confianza en ellas mismas, depresión y frustración relacionada con la incapacidad de cumplir con los estándares de logro que se habían autoimpuesto.

Las autoras de esta investigación apuntaban que este fenómeno del impostor se presentaba con menos frecuencia en los hombres, y que cuando lo hacía se manifestaba con menos intensidad, según habían observado en su experiencia en la clínica, aunque señalaban que este aspecto debía ser investigado posteriormente con más detalle.

Algo muy interesante que sí describieron en su artículo es que habían detectado que las mujeres tienden más a atribuir sus éxitos a causas temporales, externas o internas, como la suerte o el esfuerzo, mientras que los hombres son más propensos a atribuir sus éxitos a sus propias capacidades. En cuanto a las situaciones de fracaso, las mujeres tienden a sentirlo como un resultado directo de su falta de capacidad, mientras que los hombres suelen atribuirlo a la mala suerte o a la dificultad de la tarea.

En el estudio consideraron que ciertas dinámicas familiares vividas en edades tempranas y algunos estereotipos de género fuertemente arraigados en la sociedad podían estar en el origen de este sentimiento de percibirse como un fraude e influir en su posterior desarrollo. Pauline Clance y Suzanne Imes publicaron los resultados de este estudio en un artículo titulado "The Imposter Phenomenon in High Achieving Women: Dynamics and Therapeutic Intervention", donde se puso nombre a este fenómeno y se marcó un claro punto de partida para la investigación de este «síndrome del impostor».

UN TÉRMINO CADA VEZ MÁS POPULAR

Las doctoras Clance e Imes dieron nombre a un fenómeno que ha ido adquiriendo cada vez más popularidad hasta convertirse en un término al que actualmente se hace referencia con frecuencia y cierta ligereza en el lenguaje cotidiano. Este sentimiento de no estar a la altura y tener miedo constante a fallar, o de no ser capaz de repetir un éxito, lo han sentido muchas mujeres directivas, o que han desempeñado puestos de alta responsabilidad, y también numerosos artistas de éxito reconocido como músicos, actores, escritores, pintores o deportistas, entre otros. A raíz de que algunos personajes famosos por sus éxitos han manifestado que han experimentado estos síntomas, que les hacen sentirse un fraude o unos impostores, es como este fenómeno se ha hecho visible a los ojos de la sociedad. Al escuchar sus testimonios y las características de sus síntomas, muchas personas se han identificado con eso mismos sentimientos de no ser lo suficientemente buenas, de no estar preparadas para los retos que se les presentan, de vivir con el miedo de que los demás se den cuenta de que no son tan valiosas como algunos creen y de poner en duda constantemente sus logros.

Con la llegada y auge de las redes sociales, donde algunos temas se viralizan a velocidades vertiginosas, el concepto de síndrome del impostor se ha vuelto muy popular. Prácticamente todo el mundo cree sentirse identificado con él: las dudas acerca de la valía personal, el miedo a fracasar y la comparación constante con los demás son sentimientos que una gran mayoría de la población comparte, y eso ha hecho que este término se haya convertido casi en una moda y que su significado se haya generalizado de una manera, a veces, errónea.

El fenómeno del impostor no es una patología psicológica, y se da en personas normalmente con altas capacidades y con éxitos constatados que no son conscientes de sus habilidades y que no perciben esos logros como propios, sino que los atribuyen siempre a factores que no tienen que ver con su desempeño, lo que las hace vivir con miedo a ser descubiertas porque su autopercepción no coincide con la realidad.

A continuación, analizaremos algunas características que se repiten en las personas que viven etapas de su vida sintiéndose impostoras, situaciones en las que este sentimiento es más fuerte y pensamientos que se tienen. Es importante entender que cada una de ellas, experimentada de manera aislada, no supone vivir con el síndrome del impostor. Se tienen que dar varias de ellas a la vez para poder afirmar que se tienen sentimientos de ser un fraude y miedo de que alguien lo descubra.

CARACTERÍSTICAS PRINCIPALES

Las personas que sufren el síndrome del impostor posiblemente obtienen excelentes resultados en sus estudios, carreras profesionales o vida personal, y, lejos de sentirse felices y disfrutando de sus logros, viven permanentemente sintiéndose inseguras y dudando de sus capacidades, porque casi nunca se ven a sí mismas como personas brillantes o tan talentosas como lo son otras en las que se fijan y con las que se comparan. Todo lo bueno que les ocurre lo explican y lo atribuyen a causas externas a su desempeño. El temor a cometer un fallo y de no ser lo que los demás esperan de ellas provoca que vivan todas estas emociones en soledad, porque tampoco quieren compartir sus dudas y poner en evidencia su gran secreto: son unas impostoras.

Las dudas constantes y el miedo a no ser capaces de repetir un éxito tiene consecuencias negativas como el estrés y la ansiedad. Rara vez las personas que manifiestan el síndrome del impostor se permiten bajar el ritmo y relajarse, y sentirse bien con ellas mismas es algo que solo ocurre en momentos muy puntuales.

El fenómeno del impostor va asociado a una serie de comportamientos muy característicos que se suelen observar en todos aquellos que lo viven. Tener alguno de ellos de forma aislada no significa que se experimente este síndrome. Para identificarlos claramente, vamos a ver cuáles son y en qué consisten.

FALTA DE RECONOCIMIENTO DE LOS PROPIOS LOGROS

Consiste en tener dificultad para reconocer los propios logros; es un **sentimiento** sincero de **no merecerse los elogios** que le están dando a uno. No tiene nada que ver con la falsa modestia o el temor a que los demás piensen que aceptar un halago constituye un signo de arrogancia. Las personas que no reconocen sus logros seguramente piensan que el buen resultado obtenido es producto de la buena suerte, de haber estado en el lugar y momento apropiados, de la ayuda que han recibido o porque han trabajado mucho más de lo que otras necesitarían para conseguir lo mismo.

En muchas ocasiones, los elogios hasta causan sorpresa, pues no se da valor a los talentos que se poseen. Si se tiene facilidad para realizar algo, parece que eso es sencillo para todo el mundo y, por tanto, no hay ningún mérito en ello. No se entiende que eso pueda causar admiración en otros. Lo que parece realmente difícil es lo que no se sabe hacer, y se tiende a poner la atención y valor en eso que cuesta más, dando importancia precisamente a lo que no se tiene. Este es uno de los primeros pensamientos que empieza a desvirtuar la autopercepción, pues no se logra valorar con objetividad lo que los demás ven en nosotros, sino que la mirada se posa en las propias carencias y la realidad comienza a desenfocarse, se despiertan las dudas y los miedos llegan en cascada.

A continuación, vamos a ver cómo Ana, que experimenta el síndrome del impostor, se ha ido sintiendo en diferentes épocas de su vida y qué pensamientos han estado constantemente dando vueltas en su mente.

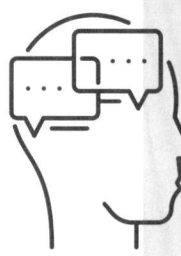

Ana siempre ha sido una estudiante de éxito. Durante toda su etapa escolar recibió buenas calificaciones y, cuando entró en la universidad para continuar sus estudios, tampoco tuvo ningún problema en obtener su título de licenciada en Veterinaria. Le gusta mucho su profesión, y también le encanta escribir novelas. Desde muy pequeña comenzó a inventar y dejar por escrito sus propias historias. Sus padres y sus profesores elogiaban la originalidad de sus textos y su estilo literario cuidado. Ana siempre pensaba: «Claro, qué me van a decir mis padres. Me quieren y están orgullosos de mí. Y mis profesores me alaban porque saco buenas notas y creen que por eso lo hago todo bien». Ella se entretenía escribiendo, pero no veía nada excepcional ni fuera de lo común en sus escritos. Eran unas historias más, «del montón», diría ella.

En su juventud, sus amigos la animaron a presentarse a algún concurso y logró ganar un premio local por un cuento corto. Cuando se enteró de la noticia, enseguida los pensamientos de Ana fueron: «Puede que el jurado se haya equivocado al elegir mi cuento, o a lo mejor es que no se han presentado muchos a este concurso. He tenido suerte».

Al cabo de los años, siendo ya adulta, su pareja le dijo que presentara una novela que acababa de escribir a un premio que convocaba una editorial muy conocida. Ana tenía sus dudas, pero como no había nada que perder, lo hizo. ¡Y ganó el primer premio! El jurado elogió su obra y señaló los motivos por los que se había hecho merecedora de ese galardón. Sin embargo, Ana no se sentía digna de tanto elogio; leía de nuevo su novela y no era capaz de ver nada de lo que los demás habían valorado. Decía a su familia que no hicieran caso de lo que aparecía en la nota de prensa, que una vez más había tenido suerte. Ana dudaba de su valía. Y con su inseguridad, aumentaron sus dudas.

Algunos de los **pensamientos** o expresiones de las personas que no son capaces de reconocer sus propios logros son:

- Estos elogios son un poco exagerados.
- No es para tanto. No sé por qué les ha gustado este trabajo.
- Esta vez he tenido suerte.
- Estaba en el lugar y momento adecuado, por eso lo he conseguido.
- La competencia no era grande.
- No lo habría conseguido sin la ayuda de...
- Me elogian porque me quieren.
- Alguien se ha confundido al evaluar este trabajo.
- Me han seleccionado porque necesitaban un hombre/una mujer joven.
- Estoy aquí porque conocen a mi padre/madre (o algún familiar).
- Me lo dicen porque les doy pena.
- Me han ofrecido este trabajo porque el anterior candidato lo ha rechazado o porque no han encontrado a nadie más que lo quiera hacer.

Son muchas las **situaciones** en las que podemos comprobar cómo gestionamos los elogios, si nos gusta recibirlos y nos sentimos merecedores de ellos o si, por el contrario, nos causan un cierto malestar y tratamos de evitarlos porque realmente no consideramos que seamos merecedores de ellos. Si te has encontrado en alguna de las situaciones siguientes, o en otra similar, y te han elogiado, reflexiona acerca de los pensamientos que tuviste en ese momento:

- Te presentas a un examen muy difícil, obtienes una buena calificación y en casa te felicitan por ello y se sienten muy orgullosos de ti.
- Presentas el trabajo final de un máster y tus profesores te dicen que es excelente y te felicitan por ello.
- Solicitas un empleo, al que consideras que va a ser difícil acceder, y te llaman para hacerte una oferta.

- Haces una presentación ante un gran auditorio y, cuando terminas, recibes aplausos y te felicitan por tu conferencia.

- Organizas una exposición con tus obras y recibes muchos elogios de otras personas del sector.

- Lanzas un producto al mercado y numerosos clientes elogian tu propuesta.

- Realizas una gran venta y te felicitan por ser buen comercial.

- Eres mujer y accedes a un puesto directivo que casi siempre lo han ocupado hombres.

- Ganas una competición deportiva y te felicitan.

- Has recibido un premio y elogian públicamente tus méritos.

- Te felicitan por el trabajo desarrollado y te ofrecen un nuevo proyecto que te va a suponer un desafío y salir de tu zona de confort.

Completa la lista con situaciones que te hayan pasado a ti en las que hayas triunfado y despertado los elogios de los demás. Apunta en una libreta lo que sentiste en cada momento y los primeros pensamientos que cruzaron tu mente en esas ocasiones. ¿Te sentiste merecedor de esas felicitaciones?

COMPARACIÓN CONSTANTE CON LOS DEMÁS

Otro de los comportamientos que se observa en personas que viven con el síndrome del impostor es el **sentimiento de inseguridad** que aparece al compararse con los demás. La comparación con otros suele ser algo habitual, es un modo de evaluarnos y comprobar nuestro progreso o habilidades, pero, cuando se hace constantemente, puede convertirse en un hábito tóxico que perjudica la autoestima y hace crecer las dudas acerca de nuestra valía.

Cuando nos fijamos en los éxitos de otros y los convertimos en un parámetro con el que medirnos, es fácil llegar a tener una sensación de fracaso. La comparación constante puede limitar nuestra capacidad de disfrutar y valorar nuestras propias experiencias y provocar que vivamos con sentimientos de insatisfacción y descontento. Además, hace que nos sintamos en competencia constante con los demás, lo que puede causarnos envidia, celos y frustración y perjudicar nuestras relaciones haciendo, de algún modo, que nos aislemos y busquemos una desconexión de ese mundo que se convierte en una amenaza y estrés continuo.

Si el éxito, y su valor, lo ponemos en las acciones de otros, estamos despreciando nuestras capacidades, lo que afecta claramente a la autoestima, provoca inseguridad en nuestros actos y nos puede hacer creer que no somos lo suficientemente buenos. Las comparaciones constantes paralizan además la productividad, lo que aumenta nuestra convicción de no estar preparados y no ser capaces de alcanzar ese éxito que hemos fijado mirándonos en otros. En los casos más graves, puede llevar incluso a la depresión y a la falta de motivación.

El auge de las redes sociales ha causado que las comparaciones con otros sean cada vez más frecuentes. Las redes que están enfocadas en el trabajo permiten seguir tantos perfiles exitosos y con tan buenos recorridos profesionales que, a veces, activan pensamientos negativos que afectan a nuestra autoestima y nos hacen dudar de nuestras capacidades y sentirnos inferiores. Por otro lado, muchas redes sociales donde los usuarios muestran experiencias de ensueño, donde todo parece fácil y cuyos perfiles más visitados parecen tener unas vidas prácticamente perfectas, han hecho que el fenómeno de la comparación sea casi imposible de evitar, con las consecuencias negativas que eso conlleva.

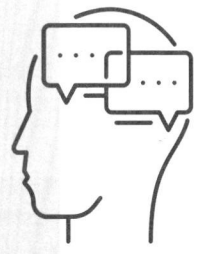

Ana vivió unos meses sintiéndose en una nube. Después de ganar el premio, realizó presentaciones del libro en diferentes ciudades, firmó muchos ejemplares y recibió múltiples elogios de sus lectores, que acudieron a todos estos actos para conocerla. Cuando cesó este ritmo frenético, y después de un breve descanso, la editorial le propuso a Ana un nuevo desafío: querían que escribiera otra novela que se comprometían a publicar. Las dudas de Ana acerca de su valía siguieron creciendo. Desde que ganó el premio editorial empezó a compararse cada vez más con los demás. Leía las críticas que hacían de otros autores de éxito, consultaba sus redes sociales, miraba las entrevistas que publicaban, leía sus obras y cada vez se sentía más y más diminuta. Además, su hermana pequeña había comenzado también a escribir y era realmente buena. En su cabeza empezaron a surgir pensamientos del tipo: «No entiendo cómo se han fijado en mí. No soy tan buena como estos autores que están publicando. Mi hermana sí que es una verdadera escritora. Ella sí que sabe escribir».

Algunos de los **pensamientos** o expresiones de las personas que se comparan constantemente con los demás son:

- Me gustaría ser como ellos y disfrutar del mismo éxito.
- Mi currículum no es tan bueno como el de mis compañeros.
- No sé cómo he llegado aquí habiendo una competencia tan buena.
- Otras propuestas son más originales/brillantes/...
- Mis respuestas han sido peores.
- ¿Por qué no se me ha ocurrido una propuesta así?
- Su solución es mejor que la mía.
- Nunca llegaré a ser como ellos.
- Envidio su capacidad.
- No soy tan inteligente como...
- No soy tan bueno como mi padre/madre/hermano...
- Mis publicaciones no tienen tantos «Me gusta» como...
- No tengo tantos seguidores en redes sociales como ...

Son muchos los momentos en los que nos estamos comparando con los demás. Puede que en alguna ocasión te hayas encontrado en una **situación** parecida a las que se enumeran a continuación. Reflexiona acerca de tus pensamientos en estos casos:

- Tienes una reunión con tu equipo de trabajo y cada uno de los integrantes del grupo debéis hacer una pequeña presentación. Empiezan las exposiciones y tú escuchas atentamente lo que va exponiendo cada uno. ¿En qué piensas al escucharles momentos antes de salir tú a hablar?
- Tienes una competición deportiva y durante tu entrenamiento revisas vídeos de tus contrincantes. ¿Qué piensas al visionarlos?
- Vas a actuar en una obra de teatro. Estás ensayando con tus compañeros. ¿Comparas tu trabajo con el suyo? ¿En qué te estás fijando?
- Algún hermano o hermana recibe una felicitación por algo que han hecho bien. ¿Tratas de compararte con él o ella en el desempeño de esa actividad?

- Estás revisando algunos perfiles en una red social de trabajo. ¿En qué te fijas cuando lees su experiencia? ¿Cómo afecta a tu autoestima?

- Observas perfiles que sigues en las redes sociales. ¿En qué reparas primero? ¿Tiendes a compararte con ellos? ¿Cuáles son los primeros pensamientos que pasan por tu cabeza?

Añade a esta lista situaciones similares en las que te encuentres comparándote con los demás. En un cuaderno apunta en cuatro columnas: la situación, con qué aspecto te comparabas, cuáles eran los pensamientos que pasaron por tu cabeza y, por último, qué emociones sentiste. Al finalizar, reflexiona acerca de si estas comparaciones te han ayudado a mejorar o si, por el contrario, te han hecho sentirte inferior y tus inseguridades han crecido.

AUTOEVALUACIÓN NEGATIVA

Evaluarnos de una manera sana, para conocer nuestros puntos fuertes o áreas de refuerzo con el propósito de mejorar, resulta útil para modificar nuestras conductas y no volver a cometer los mismos errores. Si analizamos con cuidado nuestras acciones y las emociones y pensamientos que generan, estaremos practicando un autoconocimiento muy conveniente. La dificultad surge cuando utilizamos esta **evaluación** de manera **crítica y destructiva hacia nosotros mismos**; es entonces cuando se da una autoevaluación negativa y, como consecuencia de ello, nuestra autoestima y nuestro autoconcepto resultan dañados, pues creamos una imagen distorsionada de nuestras capacidades y talentos reales.

El diálogo interno, lo que nos decimos y cómo nos hablamos, tiene una importancia fundamental en cómo nos valoramos y nos sentimos. Si esa voz interna está constantemente juzgando, criticando y culpando muchos de nuestros actos, es difícil mantener una sana autoestima. Lejos de motivar para lograr superar las dificultades, ayuda a justificar el sentimiento de fracaso.

Muchas de las personas que experimentan el síndrome del impostor tienden inconscientemente a hacer una evaluación negativa de ellas mismas cuando se comparan con otras figuras de éxito o se enfrentan a nuevos retos o dificultades que las sacan de su zona de confort. Se plantean criterios muy estrictos para valorarse y, por eso, casi nunca se sienten a la altura necesaria de la situación. No se consideran capaces y ponen su mirada en la formación o en los conocimientos que les faltan, pocas veces en los aspectos valiosos que poseen y por los que destacan. Los «debería» y «tendría que» están presentes, muy a menudo, en su diálogo interior.

A continuación, vamos a ver cómo era el diálogo interior de Ana, qué pensaba de ella misma:

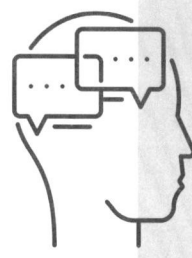

Ana no se sentía capaz de escribir la siguiente novela. Empezó a pensar que le faltaba formación, que tendría que apuntarse a más talleres de escritura y que debería practicar mucho más antes de volver a presentar un original para publicar su nuevo libro. Sus pensamientos entraron en bucle, no daban tregua a su mente, y Ana no paraba de lanzarse mensajes negativos. No era consciente de ello, pero se empezó a machacar con los debería: «Debería dedicar más tiempo», «debería apuntarme al taller de...», «debería ser más aplicada», «debería rechazar la propuesta»... y así continuó durante una temporada. No paraba de juzgarse y culparse por todo. Además, su foco mental solo la llevaba hacia aspectos negativos: «No tengo la capacidad necesaria para escribir algo nuevo que tenga la calidad suficiente. No sé por qué he dejado que me convenzan, soy tonta». Mientras se seguía hablando de esta manera, su autoestima estaba cada vez más dañada.

Algunos **pensamientos** destructivos que cruzan la mente como consecuencia de una autoevaluación negativa son:

- No valgo para esto.
- Voy a fracasar porque no me veo capaz de hacerlo.
- Me tendría que esforzar más, no hago lo suficiente.
- Debería hacer.../Debería ser más ...
- Me falta inteligencia/habilidad/conocimiento.
- No soy capaz.
- Es imposible que yo pueda hacer esto.
- Soy estúpido/inútil.

Son muchas las **situaciones** en las que repasamos mentalmente alguna de nuestras acciones o vivencias. Es muy importante poner la atención en las palabras que nos dedicamos, cómo nos hablamos y qué trato nos damos. Piensa, por ejemplo, qué te dices en alguno de estos momentos:

- Sales de un examen y haces una valoración de cómo te ha salido y cómo han sido de acertadas tus respuestas.

- Terminas un trabajo y haces una última lectura antes de entregarlo.

- Estás a punto de hacer una entrevista laboral.

- No has llegado a tiempo para presentarte a una convocatoria o un concurso.

- Te hacen una propuesta laboral que te va a suponer un desafío y salir de tu zona de confort.

- Acabas de publicar un post en una red social y estás esperando la reacción de tus seguidores.

Añade a esta lista alguna situación reciente en la que recuerdes cuál ha sido el diálogo interior que has mantenido. Para reflexionar acerca de ello, apunta en una libreta cuáles son las palabras que has utilizado para hablarte. ¿Te has tratado bien? ¿Habrías empleado esas mismas palabras si estuvieras hablándole a otra persona?

PROCRASTINACIÓN

La procrastinación es el hábito de **retrasar tareas que deben atenderse** mientras se encuentran muchas otras más agradables, innecesarias o no urgentes que distraen la atención de la tarea principal. Algunas personas que viven el síndrome del impostor encuentran, a menudo, muchas excusas para no ponerse con la tarea comprometida que tienen por delante y que les está causando un cierto temor por el hecho de que va a poner a prueba su capacidad. Así, cada vez que deben arrancar con el trabajo que les genera inseguridad, por su mente aparecen rápidamente pensamientos que ponen el foco de atención en actividades que distraen, roban tiempo y hacen que pospongan la tarea realmente importante. Las horas, o días, van pasando, y entonces aparecen los nervios, el estrés y el sentimiento de culpa por no haber avanzado, lo que hace que las personas que procrastinan sean cada vez menos productivas y eficientes. Este ciclo se puede repetir cada vez que hay que asumir un desafío.

En los perfiles de impostor, el retraso de la actividad no se produce por pereza, sino por la inseguridad y miedo de afrontar el reto. Es importante evitar las excusas que permiten posponer la tarea, dividir esta en pequeñas metas y romper la barrera de los primeros cinco minutos sin dejarse vencer por tentaciones que se conviertan en ladronas de tiempo. También ayuda el hecho de comunicar o comprometerse con alguien en una fecha para acabar la tarea, si es que esta no viene ya marcada en el propio encargo.

La procrastinación es un rasgo que puede aparecer en individuos que son muy perfeccionistas. Es posible que algunas personas que experimentan el síndrome del impostor no procrastinen, sino que en ellas solo se dé el caso contrario, es decir, que necesiten aprovechar al máximo cada minuto del que disponen para revisar una y otra vez la tarea, como veremos en el siguiente apartado.

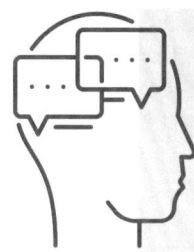

Ana veía esa pantalla en blanco frente a ella y no encontraba el modo de comenzar una nueva historia. Se ponía excusas para no sentarse a escribir: «Mañana seguro que estoy más descansada y se me ocurre algo mejor», «Hoy no tengo un buen día, no pasa nada porque no me ponga con la escritura», «Tengo mucho trabajo, a ver si logro sacar un rato para empezar a pensar en la novela», «Necesito salir a pasear para despejarme; cuando vuelva, ya me pongo a escribir», «Cuando termine este curso, me dedico en cuerpo y alma al nuevo libro», y así día tras día. Encontraba mil motivos para justificarse, para darse razones que le permitieran seguir retrasando el trabajo y dejarlo para otro momento. Si empezaba a sentir algo de culpa por no arrancar, enseguida su mente le proporcionaba alguna nueva excusa. Y el tiempo seguía pasando sin que esa novela avanzara.

Algunos de los **pensamientos** de las personas que tienden a procrastinar son:

- Antes de ponerme con esto, sería mejor que... me cambie de ropa/salga a pasear/riegue las plantas/llame a... (o cualquier actividad no urgente).

- No pasa nada por empezar mañana.
- Descanso solo un momento y ahora empiezo.
- El lunes me pongo a ello sin falta.
- Mañana seguro que recupero el tiempo perdido.
- Necesito salir a despejarme un rato y, a la vuelta, empiezo con esto.

Hay muchas **situaciones** que pueden suponer un reto o desafío que nos añade una cierta inquietud. Puede que alguna vez te hayas encontrado en alguna de las que figuran a continuación:

- Tienes que preparar un trabajo para finalizar un curso que va a decidir tu nota final.
- Te han elogiado en el trabajo por tu propuesta y te han pedido que redactes un informe.
- Vas a ir a una reunión importante en la que tienes un tiempo determinado para hablar, por lo que debes preparar a conciencia tu presentación.
- Una empresa internacional te ha pedido que diseñes su imagen corporativa.
- Has de preparar un plan de contenidos para las redes sociales de una empresa que incluya un plan detallado de fechas para cada publicación.

Continúa esta lista añadiendo alguna otra situación que te haya supuesto un reto y que te haya obligado a salir de tu zona de confort. Reflexiona acerca de cómo afrontaste el desafío. Si tuviste tendencia a procrastinar, anota en una libreta cuáles fueron las excusas que te ponías para retrasar el inicio del trabajo y si este comportamiento te provocó sentimientos de culpa. ¿Sentías que el nerviosismo y la ansiedad aumentaban con el paso del tiempo?

PERFECCIONISMO Y EXCESO DE TRABAJO

Las personas que viven con el síndrome del impostor suelen caracterizarse por ser muy perfeccionistas. Sienten la obligación de esforzarse el máximo, necesitan trabajar más que el resto y buscan constantemente ampliar su conocimiento para suplir las carencias que creen tener.

Hay tres **síntomas principales** que se pueden observar en personas muy perfeccionistas: buscan de manera obsesiva alcanzar siempre los niveles más altos en todo lo que hacen; vinculan su valor personal al hecho de alcanzar esas metas altas de autoexigencia; si no consiguen esos estándares autoimpuestos, sienten que han fracasado.

Hemos visto que el fenómeno del impostor se da en personas que se comparan en exceso con los demás, que se sienten inferiores y con menos capacidades cuando se autoevalúan, que no son capaces de reconocer sus propios logros y que dependen en exceso de las opiniones que otros tienen de ellas. Como consecuencia de esto, su autoestima está condicionada al triunfo: cuando este se logra, aumenta la valoración que tienen de sí mismas, pero cuando fracasan se desmotivan y se juzgan con dureza. Por eso, cuando se encuentran ante un reto, trabajan en exceso, muy por encima del tiempo que sería necesario para resolver la tarea, y se exigen mucho. Al lograr el éxito, consideran además que este se ha debido al esfuerzo extra que han realizado, no a su capacidad de desempeño.

Por supuesto que Ana, cuyo caso estamos analizando a lo largo del capítulo, era una mujer muy perfeccionista, y eso afectaba también a su relación con los demás:

Ana se sentía muy insegura ante el nuevo reto que se le había presentado. Sabía que los que habían apostado y confiado en su trabajo estaban esperando que su nuevo libro cumpliera las expectativas que habían puesto en ella. Por fin logró superar su bloqueo inicial y se puso manos a la obra. Su cabeza no dejaba de pensar en cómo hacerlo mejor. Escribía una página, la leía y borraba el texto. Comenzaba de nuevo. Acababa un capítulo y lo revisaba una y otra vez. Empezó a dedicar cada vez más horas del día y de la noche para escribir, todo el tiempo era poco. Tenía el convencimiento de que esforzándose al máximo y trabajando a fondo las semanas que le quedaban hasta tener que entregar su manuscrito lograría suplir esas carencias que, según ella, tenía. Y siguió dedicándole todas las horas que podía sin dejar descansar a su cabeza, que daba vueltas y vueltas buscando nuevas propuestas para mejorar su novela. Su humor empezó a cambiar, estaba nerviosa y no se permitía momentos de relax y disfrute. No había fines de semana, ni salidas con amigos. Esto la hizo aislarse un poco de su entorno.

Algunos de los **pensamientos** o expresiones de las personas que son excesivamente perfeccionistas son:

- Lo puedo hacer mejor.

- No es lo suficientemente bueno.

- Tengo que volver a revisarlo, aún me queda tiempo y seguro que encuentro alguna imperfección que se pueda evitar. No puedo permitirme entregarlo en estas condiciones.

- Aunque no duerma, tengo que hacer esto bien.

- No sirve lo que he hecho. Voy a empezar de nuevo.

- Ya descansaré cuando tenga esto terminado.

Para saber si eres una persona obsesionada con el perfeccionismo, haz una lista con los proyectos más recientes en los que te has embarcado. Puedes utilizar los mismos que hayas seleccionado en el apartado anterior, cuando hablábamos de procrastinación. Recuerda cómo te comportaste durante el proceso de trabajo y cuáles fueron las emociones o sentimientos que tuviste durante el mismo. Anótalos también en tu libreta. Ahora comprueba cuántas de las siguientes afirmaciones reflejan la realidad que viviste.

He tenido momentos en los que...

- ... no conseguía avanzar con el trabajo.

- ... sentía miedo de cometer errores.

- ... me comparaba con los demás y sentía que iba a fracasar.

- ... me he obsesionado con los detalles.

- ... he perdido la motivación cuando algo no estaba saliendo como esperaba.

- ... he juzgado con dureza el resultado de mi trabajo y mi valía.

- ... he pensado en abandonar el proyecto por miedo a no alcanzar la meta que me había puesto.

- ... he revisado una y otra vez cada paso.

- ... no encontraba la manera de dar por terminado el trabajo.

Si te has identificado con la mayoría de las afirmaciones, no hay ninguna duda: eres una persona perfeccionista. Aunque esto no significa que necesariamente tengas el síndrome del impostor.

MIEDO AL FRACASO

La posibilidad de fracasar supone para algunas personas algo terrible, un hecho imperdonable que puede marcar su vida. Es algo que no se pueden permitir porque supondría decepcionar a los que han puesto su confianza en ellas y también un golpe duro para su propia valoración y autoestima. El miedo al fracaso es como un muro que se pone por delante y que puede llevar a dejar de actuar, a limitar la capacidad de alcanzar las metas propuestas o incluso a rechazar nuevos desafíos por el miedo terrible a las consecuencias que el fracaso podría acarrear.

Hay tres **factores principales** que están detrás de este sentimiento: la interpretación que hacemos de la situación, la anticipación de las futuras consecuencias que nuestra mente nos pone delante y nuestra propia valoración en función del resultado obtenido.

En las personas que viven con el síndrome del impostor el miedo al fracaso las paraliza. Tienen una visión catastrofista de todo lo que puede suceder si no alcanzan el éxito que esperan y hacen una valoración poco realista de la situación, a menudo exagerada y muy desajustada. La necesidad de reconocimiento de los demás, las expectativas poco realistas que se plantean, la excesiva autocrítica, la falta de confianza en ellas mismas, la identificación del valor con el resultado obtenido y la baja tolerancia a la frustración están detrás de este sentimiento.

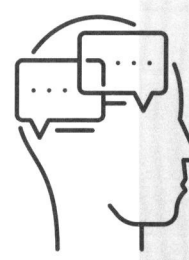

Ana empezó a agobiarse. No lograba dormir por las noches. Según iba avanzando con su novela empezó a tener pensamientos muy negativos acerca de lo que podía suceder. A veces, en sus sueños, se encontraba delante de la editora que había leído su manuscrito y que le decía: «Ana, he terminado de leer tu novela y siento decirte que no la podemos publicar. No era lo que esperábamos, no tiene ritmo, los personajes no están bien definidos y no tiene la calidad suficiente». En otras ocasiones, se imaginaba cómo reaccionarían sus padres cuando les dijera que había fracasado. Seguro que les iba a decepcionar. A veces lograba animarse un poco y confiaba en que la editorial no le pondría ninguna pega, pero entonces sus pensamientos no mejoraban, pues empezaba a darle vueltas a lo que dirían sus lectores, esos que habían disfrutado tanto de su otra novela premiada. ¿La dejarían de seguir?

Algunos de los **pensamientos** o expresiones de las personas que padecen miedo al fracaso son:

- ¿Qué voy a hacer si fracaso con este proyecto?
- Si no lo hago bien, van a dejar de quererme.
- No voy a ser capaz de repetir este éxito.
- Si no lo hago bien, perderé mi trabajo/se acabará mi carrera.
- Esto va a salir mal.
- ¿Cuántas críticas voy a recibir?
- Se van a reír de mí.
- Me van a humillar.
- Qué vergüenza si no lo hago bien.
- No vuelvo a participar en otro desafío similar.
- ¿Qué van a decir en las redes sociales?

Toma de nuevo la lista de los últimos proyectos a los que te has enfrentado. Vete apuntando al lado de cada uno de ellos los pensamientos que cruzaron tu mente en los momentos de duda. ¿Coincide alguno con los que han aparecido en el listado anterior? Reflexiona acerca de lo que sentiste mientras tenías esos pensamientos. ¿Dirías que tuviste miedo al fracaso?

MIEDO AL TRIUNFO

Aunque resulte extraño, a pesar de que el éxito sea una meta que se desea alcanzar, a veces aparecen miedos que paralizan al pensar en esa posibilidad de triunfo y generan temor ante lo que puede suceder cuando se alcance esa posición. Existe el miedo al qué dirán, a no poder manejar el triunfo y a sentirse solo o diferente a las personas del entorno habitual.

- **Miedo al qué dirán**. Muchas personas viven necesitando la aprobación de los demás, porque eso les supone sentirse valoradas y queridas. Saben que, si alcanzan una posición de éxito, se convertirán en el centro de atención de muchas miradas, y pensar en las consecuencias que esto puede tener es posible que despierte un nuevo temor. Habrá personas que las apoyen, pero también aparecerán detractores que las pongan en el centro de la diana y hagan de ellas el objetivo de sus críticas. Las personas que experimentan el síndrome del impostor son muy vulnerables a estas valoraciones negativas, por lo que este miedo está muy presente en sus vidas.

- **Miedo a no poder manejar el triunfo**. La mente es poderosa, y a veces anticipa escenarios que todavía no se han dado añadiendo temores ante posibles situaciones. A veces, al pensar en el éxito, se visualiza una soledad en la que las personas queridas no están tan cerca. Existe el temor a vivir una pérdida de libertad ante la consecución de algunos logros, que obligarán a dedicar más y más tiempo a trabajar para no perder esa posición. La incertidumbre de no saber cómo eso puede afectar a la personalidad, a la forma de vida, a las relaciones, es algo muy presente en las personas que sienten este miedo.

- **Miedo a sentirse diferente**. Hay personas que logran el éxito y se sienten culpables porque son las primeras que lo consiguen en su entorno. Piensan que, si se felicitan por ello, pueden ofender a seres queridos y despertar su envidia. Creen que es posible que dejen de quererlas y que empiecen a verlas como arrogantes y pretenciosas y las aparten de sus vidas. Este temor aparece ante sus ojos cuando visualizan ese éxito que, por otro lado, tanto anhelan, lo que actúa como un freno bloqueando, inconscientemente, muchas de sus iniciativas.

Estos temores también estaban presentes en la cabeza de Ana mientras trabajaba en su nueva novela:

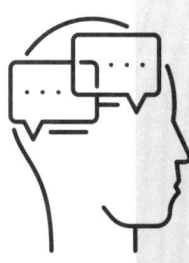

Ana estaba a punto de entregar su manuscrito a la editorial. Deseaba acabar con esta etapa de dudas, aunque temía la salida al mercado de su novela. Anhelaba volver a encontrarse con sus lectores, aunque a la vez sabía que volvería a ser el centro de todas las miradas, también de aquellos que la iban a criticar. Soñaba con el éxito, pero a veces pensaba que era mejor seguir sin que nadie supiera que la obra era suya y poder permanecer en el anonimato.

Algunos de los **pensamientos** o expresiones de las personas que tienen miedo al triunfo son:

- Si me va bien, me voy a convertir en el centro de atención y me van a juzgar.

- Si me analizan con detalle, se darán cuenta de que no soy tan brillante.

- Si hablo de mis éxitos en mi entorno habitual, van a pensar que me he vuelto arrogante.

- Si digo que he triunfado, eso puede traerme mala suerte y hacer que fracase la próxima vez.

- Si tengo éxito, ¿cómo voy a ser capaz de mantenerlo y no decepcionar?

- El éxito me llevará a moverme en otros entornos diferentes al actual.

Reflexiona acerca de tus pensamientos en **momentos de éxito**, como, por ejemplo:

- Un amigo y tú os habéis presentado al mismo puesto de trabajo. Imagina que te lo ofrecen a ti. ¿Cómo sería tu comportamiento con tu amigo? ¿Tienes miedo de que vuestra amistad se resienta?

- Ganas una competición deportiva. ¿Tienes miedo de no volver a ganar la próxima vez?

- Te han ascendido en el trabajo. ¿Tienes miedo de la envidia que puedas despertar entre tus compañeros? ¿Crees que van a estar más pendientes de tus posibles errores?

Añade a esta lista situaciones en las que hayas triunfado y analiza tus pensamientos en esos momentos. Trata de identificar si, además de la alegría que sentiste, tuviste miedo a las consecuencias que ese éxito podía suponer para ti.

MIEDO A SER DESCUBIERTO COMO UN FRAUDE

Este es el **miedo por excelencia** de las personas que viven con el síndrome del impostor: que alguien se dé cuenta de la «realidad» que solo ellas saben, y es que no se merecen ese éxito que han conseguido, que no son tan valiosas como los demás creen.

Este sentimiento es un secreto, no quieren que los demás lo sepan porque entonces estarían en el punto de mira y sus carencias serían más visibles. Esto hace que trabajen cada vez más en buscar la excelencia y el reconocimiento, en mostrar a todos que son capaces, y así queda oculto su verdadero sentir. Por ello muchas veces es difícil imaginarse que alguna de las personas de éxito que conocemos pueda estar experimentando este fenómeno de impostura, pues su comportamiento muestra un control de la situación muy diferente a lo que realmente sienten. Este miedo a ser descubiertos es un temor que viven en soledad, lo que aumenta los episodios de ansiedad y estrés que ya padecen ante cualquier desafío que deben asumir.

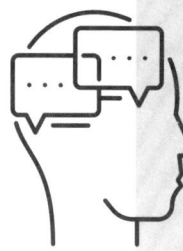

Y llegó la hora de la verdad. Ana envía su original a la editorial. De nuevo vive momentos de ansiedad. ¿Qué le van a decir cuándo lo lean? ¿Recibirá críticas o le dirán que está muy bien y que les ha encantado? Durante los días de espera aumenta su nerviosismo y sufre episodios de insomnio. Los pensamientos no paran de dar vueltas en su cabeza: «Seguro que les he decepcionado. Ahora sí que se van a dar cuenta de que apostar por mí fue un error, que no merezco llamarme escritora...».

Al cabo de unos días recibe una llamada: ¡Su novela les ha encantado! La noticia supone un gran alivio para Ana, que durante un corto espacio de tiempo se siente liberada. Aunque pronto volverá a sufrir los mismos temores y el ciclo se repetirá. Así funciona el síndrome del impostor, y Ana es una firme candidata a experimentarlo.

Algunos de los **pensamientos** o expresiones de las personas que tienen miedo a ser descubiertas como un fraude son:

- Cuando me presente a la prueba, voy a decepcionar con el resultado.

- Mi trabajo no es tan bueno como dicen. Se van a dar cuenta de que no valgo para esto.

- No merezco el dinero que me pagan por este trabajo. ¿Me despedirán cuando se den cuenta?

- ¿Qué voy a hacer cuando descubran que mi trabajo no es bueno?

- En algún momento mi familia se va a dar cuenta de que no soy tan brillante como creen.

- Ojalá nadie se percate de que no estoy capacitado para llevar a cabo esto.

- Tengo pesadillas en las que veo las caras de los demás cuando han descubierto que se equivocaron al valorarme.

Puede que te hayas sentido identificado con los pensamientos de Ana cuando te paras a pensar en alguna de tus situaciones de éxito o desafío. Gracias al relato de su experiencia te has podido hacer un idea aproximada de cómo funcionan los pensamientos en personas a las que no les faltan capacidades, pero que constantemente dudan de su valía y empiezan a creerse y vivir una realidad que nada tiene que ver con la que observan las personas que las conocen. Estos ciclos son característicos en los perfiles que experimentan el fenómeno del impostor, como veremos en el siguiente capítulo. Aunque todavía tienes que identificar si este síndrome tiene algo que ver contigo.

ESTRÉS Y ANSIEDAD ASOCIADOS

Tener estrés y ansiedad son, lamentablemente, unos síntomas excesivamente comunes en muchas personas y en diversas situaciones de su vida. No son algo exclusivo y distintivo del fenómeno del impostor, aunque desde luego sí que aparecen asociados a este síndrome.

El estrés es una tensión física o emocional que aparece ante cualquier situación de desafío o como respuesta a pensamientos que despiertan un sentimiento de frustración. El temor que padecen las personas que se sienten impostoras a que las descubran es uno de los desencadenantes del estrés.

El cuerpo responde ante situaciones de peligro o estrés y genera ansiedad, una respuesta natural del organismo, pero si esta se convierte en un síntoma persistente y generalizado en nuestras vidas, puede perjudicar seriamente a la salud. En personas que experimentan el fenómeno del impostor puede darse una ansiedad generalizada en temas relacionados con los estudios o situaciones laborales, ámbitos en los que los pensamientos negativos aparecen frecuentemente y resulta muy difícil controlarlos; o ansiedad social, caracterizada por un miedo intenso a las situaciones en las cuales la persona siente que puede ser juzgada y puesta en evidencia si comete cualquier fallo o no responde a las expectativas que han puesto sobre ella.

El estrés y la ansiedad se presentan con **síntomas** físicos como dolor de cabeza o estómago, tensión muscular e incluso con dificultades respiratorias. Causan además irritabilidad y nerviosismo, dificultan la concentración, hacen que aparezcan pensamientos recurrentes de miedo y preocupación constante y excesiva —con el agobio añadido que eso conlleva—y perturban el sueño, por lo que es fácil que aparezcan episodios de insomnio más o menos prolongados.

Reflexiona acerca de cómo te sientes y cuál es tu respuesta corporal cuando tienes que enfrentarte a desafíos académicos, laborales o competitivos. Para ello, dibuja en tu cuaderno una tabla similar a la que aparece a continuación: pon en una columna los síntomas descritos de estrés y ansiedad y selecciona por lo menos tres situaciones de los apartados anteriores para plantear como situación 1, 2 y 3. Marca con una «X» las casillas que indiquen los síntomas que has experimentado en cada situación.

	SITUACIÓN 1	SITUACIÓN 2	SITUACIÓN 3
Dolor de cabeza			
Dolor de estómago			
Tensión muscular o de mandíbulas			
Dificultad para respirar			
Irritabilidad			
Nerviosismo			
Dificultad para concentrarse			
Pensamientos recurrentes de miedo			
Preocupación excesiva			

A la vista de los resultados de tu tabla, ¿podrías decir que los desafíos a los que te has enfrentado te han provocado estrés y ansiedad?

CÓMO DETECTAR EL SÍNDROME DEL IMPOSTOR

Es posible que a estas alturas te hayas identificado con algunos de los comportamientos o sentimientos que caracterizan el fenómeno del impostor, pero esto no significa que estés dentro de este grupo. Compararse con los demás, ser demasiado perfeccionista o sufrir algún tipo de miedo es común en muchas personas, y puede que estas características sean más propias de tener una baja autoestima que de sentirse un impostor.

Tampoco hay que olvidar que lo que se conoce como síndrome del impostor no es ninguna patología médica que requiera un tratamiento; es solo un hecho o fenómeno destacable en algunas personas exitosas que no son capaces de interiorizar sus méritos y logros, y que temen que alguien se dé cuenta de su falta de valor, de lo poco que han tenido que ver sus capacidades con el éxito obtenido.

Llegados a este punto, solo hay un modo de que compruebes si vives considerándote un impostor, y para ello solo tienes que realizar el test de veinte preguntas que se reproduce a continuación. Es el mismo que las doctoras Pauline Clance y Suzanne Imes utilizaron en su estudio inicial. Desarrollaron esta prueba para determinar si las personas exhiben o no características del fenómeno del impostor y, si es así, en qué medida este les está afectando.

TEST DEL SÍNDROME DEL IMPOSTOR (CLANCE E IMES)

Para cada afirmación, señala la opción con la que te sientas más identificado y que se adapta mejor a tu experiencia real. Es importante que marques la primera respuesta que aparezca en tu mente; no dediques tiempo a pensar una y otra vez cada afirmación.

1. **A menudo he tenido éxito en una prueba o tarea, aunque antes de realizarla tenía miedo de no hacerla bien.**

   a. Nunca.   b. Raramente.   c. A veces.

   d. Frecuentemente.   e. Siempre.

2. **Puedo dar la impresión de que soy más competente de lo que realmente soy.**

   a. Nunca.   b. Raramente.   c. A veces.

   d. Frecuentemente.   e. Siempre.

3. **Si es posible, evito las evaluaciones, y tengo miedo de que otros me evalúen.**

   a. Nunca.   b. Raramente.   c. A veces.

   d. Frecuentemente.   e. Siempre.

4. **Cuando las personas me elogian por algo que he logrado, temo que no pueda cumplir sus expectativas sobre mí en el futuro.**

    a. Nunca.

    b. Raramente.

    c. A veces.

    d. Frecuentemente.

    e. Siempre.

5. **A veces pienso que he obtenido mi posición actual o mi éxito porque estaba en el lugar y en el momento correctos o conocía a las personas adecuadas.**

    a. Nunca.

    b. Raramente.

    c. A veces.

    d. Frecuentemente.

    e. Siempre.

6. **Temo que las personas importantes para mí descubran que no soy tan capaz como ellos piensan.**

    a. Nunca.

    b. Raramente.

    c. A veces.

    d. Frecuentemente.

    e. Siempre.

7. **Tiendo a recordar más los momentos en los que no hice las cosas lo mejor que pude a los que sí lo hice de la mejor manera.**

    a. Nunca.

    b. Raramente.

    c. A veces.

    d. Frecuentemente.

    e. Siempre.

8. **Casi nunca hago un proyecto o tarea tan bien como me hubiera gustado hacerlo.**

    a. Nunca.

    b. Raramente.

    c. A veces.

    d. Frecuentemente.

    e. Siempre.

9. **A veces siento, o creo, que el éxito en mi vida o en el trabajo son el resultado de algún tipo de error.**

    a. Nunca.

    b. Raramente.

    c. A veces.

    d. Frecuentemente.

    e. Siempre.

10. **Me cuesta aceptar elogios o cumplidos sobre mi inteligencia o mis logros.**

   a. Nunca.   b. Raramente.   c. A veces.

   d. Frecuentemente.   e. Siempre.

11. **Hay momentos en los que siento que mi éxito se debe a algún tipo de suerte y no al trabajo y esfuerzo realizado para alcanzarlo.**

   a. Nunca.   b. Raramente.   c. A veces.

   d. Frecuentemente.   e. Siempre.

12. **En ocasiones estoy decepcionado con mis logros actuales y creo que debería haber logrado más.**

   a. Nunca.   b. Raramente.   c. A veces.

   d. Frecuentemente.   e. Siempre.

13. **A veces temo que los demás descubran cuántos conocimientos o habilidades me faltan.**

   a. Nunca.   b. Raramente.   c. A veces.

   d. Frecuentemente.   e. Siempre..

14. **Ante una nueva tarea o empresa, a menudo temo que pueda fallar, a pesar de que suelo hacer bien las cosas que me propongo.**

   a. Nunca.   b. Raramente.   c. A veces.

   d. Frecuentemente.   e. Siempre.

15. **Cuando tengo éxito en algo, y recibo reconocimientos por mis logros, tengo dudas de que pueda ser capaz de seguir repitiendo ese éxito.**

   a. Nunca.   b. Raramente.   c. A veces.

   d. Frecuentemente.   e. Siempre.

16. **Si recibo muchos elogios o reconocimientos por algo que he logrado, tiendo a quitarle importancia a lo que he hecho.**

    a. Nunca.
    b. Raramente.
    c. A veces.
    d. Frecuentemente.
    e. Siempre.

17. **Suelo comparar mis habilidades con los que me rodean y creo que pueden ser más inteligentes que yo.**

    a. Nunca.
    b. Raramente.
    c. A veces.
    d. Frecuentemente.
    e. Siempre.

18. **Me preocupa no tener éxito en un proyecto o en un examen, a pesar de que los que me conocen confían en que lo haré bien.**

    a. Nunca.
    b. Raramente.
    c. A veces.
    d. Frecuentemente.
    e. Siempre.

19. **Si voy a recibir un reconocimiento o promoción de algún tipo, dudo en decírselo a otros hasta que sea un hecho.**

    a. Nunca.
    b. Raramente.
    c. A veces.
    d. Frecuentemente.
    e. Siempre.

20. **Me siento mal y desanimado si no soy «el mejor» o al menos «muy especial» en situaciones que implican logros.**

    a. Nunca.
    b. Raramente.
    c. A veces.
    d. Frecuentemente.
    e. Siempre.

Una vez que completes el test, suma los puntos obtenidos aplicando los siguientes valores a cada respuesta:

a. Un punto
b. Dos puntos.
c. Tres puntos.
d. Cuatro puntos.
e. Cinco puntos.

PUNTUACIÓN:

- **40 o menos**. No tienes un perfil de impostor.

- **Entre 41 y 60**. A veces vives experiencias moderadas de impostor.

- **Entre 61 y 80**. Frecuentemente experimentas sentimientos de impostor.

- **Superior a 80**. Experimentas a menudo, y de manera intensa, el fenómeno del impostor, lo que puede llegar a interferir de manera negativa en tu vida.

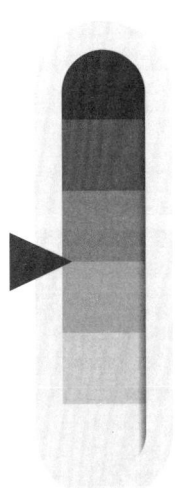

¿Has descubierto ya si te sientes, o te has sentido, un impostor en tu vida? En caso afirmativo, recuerda que no eres el único y que no se trata de ninguna enfermedad. Muchas personas reconocen que se han sentido así, y probablemente lo único que implica es que la habilidad para reconocer los logros y disfrutar de ellos está un poco mermada. Nada que no se pueda gestionar una vez que se identifica.

Vamos a profundizar un poco más en cómo funciona y cuáles son los desencadenantes de este síndrome.

EL CICLO
DEL IMPOSTOR

Cuando se experimenta el síndrome del impostor, cualquier desafío que suponga someterse al juicio de los demás y ponga a prueba las competencias que se poseen, va a llegar a desencadenar una serie de sentimientos que se repiten ante cada reto. Es lo que se conoce como el *ciclo del impostor* y consiste en una serie de comportamientos característicos que tienen aquellos que no se sienten merecedores de sus éxitos. Entender cómo funciona es el primer paso para romper el patrón de pensamiento negativo que tienen las personas que lo experimentan. Reconocer y desafiar los pensamientos autocríticos y aprender a aceptar los elogios y reconocimientos son pasos importantes para desarrollar una mayor autoestima y confianza en uno mismo.

Hay diversos factores que influyen en que se viva con este sentimiento de impostor, y pueden ser tanto causas externas como internas de cada persona. Seguramente puedas identificarte con algunas de ellas, aunque su existencia no implica necesariamente que se tenga que experimentar este fenómeno. Es importante conocer qué consecuencias negativas tiene vivir constantemente experimentando este ciclo del impostor, así como resulta fundamental ser conscientes de que se entra en este círculo vicioso para evitar que la rueda vuelva a girar.

CÓMO FUNCIONA

Como ya hemos visto en el capítulo anterior, las personas que experimentan el fenómeno del impostor han demostrado ser perfectamente capaces y estar sobradamente cualificadas para desarrollar las tareas que tienen encomendadas, aunque su autopercepción hace que no se sientan tan valiosas porque no saben interiorizar sus logros. No se trata de manifestaciones de falsa modestia, ni tampoco de individuos que han logrado algún éxito sin merecerlo realmente. Es importante tener claro este punto de partida, pues este síndrome va más allá de tener inseguridades o falta de confianza en uno mismo. En estos casos en los que se da el fenómeno de la impostura no se interpreta correctamente la realidad; se suele tener una imagen distorsionada de ella, pues cuesta aceptar que los éxitos obtenidos se deban exclusivamente a sus altas aptitudes.

Los que experimentan este síndrome dudan de sus capacidades y se preocupan en exceso ante cualquier resultado posible, tanto si es un fracaso como si es un triunfo. Lo primero en lo que se centran es en los conocimientos que no poseen y en las dificultades que van a tener antes de poder repetir un éxito. Tienen una autoexigencia muy grande porque no quieren fallar ante las expectativas que los demás tienen de ellos. Se comparan frecuentemente con otras personas de éxito fijándose en sus habilidades, y acaban declarándose perdedores de la partida. Una de las preguntas que mentalmente se formulan a menudo es: ¿Soy realmente bueno?

Las personas que experimentan un sentimiento de impostura pasan por diferentes fases cada vez que tienen que hacer frente a un nuevo reto o tarea que va a poner a prueba su capacidad; es lo que se conoce como el **ciclo del impostor**. Tiene una naturaleza circular porque los sentimientos que se experimentan van sucediéndose unos detrás de otros hasta que se finaliza la tarea, y se vuelven a repetir del mismo modo cada vez que aparece una nueva.

En el caso de Ana, que vimos en el primer capítulo, quedaban reflejadas todas las fases: pensamientos negativos, preocupación, ansiedad, miedo, duda, procrastinación o sobrepreparación, realización del trabajo, éxito o alabanzas, alivio temporal... y vuelta a empezar. Vamos a analizar con un poco más de detalle cómo funciona el ciclo del impostor.

PENSAMIENTOS NEGATIVOS

Todo comienza cuando aparece una nueva tarea, proyecto o desafío que hay que asumir. El desencadenante puede ser presentarse a un examen, iniciar una carrera o un nuevo trabajo, por ejemplo. En este momento, la mente empieza a trabajar por su cuenta y aparecen los pensamientos negativos que se centran en las dificultades que quizá se presenten. Las inseguridades que subyacen en el impostor se activan y lanzan los mensajes para el autoboicot. Los éxitos de trabajos anteriores pasan a un segundo plano, no ocupan el mismo papel protagonista que tienen las cosas que pueden fallar. Algunos de estos pensamientos negativos recurrentes son:

- Me faltan conocimientos, no me veo capacitado.
- No voy a tener tiempo de hacer todo correctamente.
- No soy capaz de resolver con éxito esta tarea.
- Si fallo, voy a quedar en evidencia.
- Van a descubrir que no valgo.
- ¿Para qué me habré metido en esto?
- ...

Seguramente tú puedes añadir muchos más pensamientos negativos a esta lista. Son los primeros agentes paralizantes que hacen acto de presencia, con la intención «positiva» de proteger a la persona para que no se lance a situaciones peligrosas que pueden causarle un problema. La realidad es que si no se logra frenar estos pensamientos y poner la atención en aquellas situaciones previas en las que se ha salido adelante con resultados exitosos, se pueden rechazar oportunidades únicas de aprendizaje y crecimiento.

PREOCUPACIÓN

A continuación, con estos pensamientos negativos dando vueltas en la cabeza, lo normal es que haga acto de presencia la preocupación. Cuando solo se es capaz de visualizar todo lo malo que puede pasar, los temores van creciendo. Hay preocupación por:

- No haber elegido la opción correcta.
- No estar a la altura.
- Decepcionar a las personas que han confiado en ti.
- No tener nuevas oportunidades.
- No obtener los resultados esperados.
- No saber gestionar el éxito si este se produce.
- …

Las preocupaciones pueden ser tantas y tan variadas como las personas que se encuentran en esta fase. Las experiencias previas y las expectativas de futuro van a condicionar el alcance de estas preocupaciones.

ANSIEDAD

Cuando no se pueden controlar las preocupaciones que han aparecido anteriormente, se entra en la siguiente fase del ciclo del impostor: la ansiedad. Esta se manifiesta con algunos síntomas físicos que afectan a la vida diaria y que, durante este proceso en el que se afronta un desafío, dañan la salud. Si las personas que experimentan el síndrome del impostor se encuentran ante desafíos constantes, pueden llegar a sufrir una ansiedad generalizada, que se prolonga durante periodos más largos de tiempo.

Algunos de los síntomas fácilmente reconocibles son:

- Sentirse irritable y con los nervios a flor de piel.
- Dificultad para relajarse.
- Problemas de concentración.

- Dificultades para dormir.

- Aparición de dolores de cabeza, estómago o espalda.

- Sensación de cansancio.

La ansiedad despierta, casi simultáneamente, los sentimientos que se experimentan en las fases inmediatamente posteriores, y los miedos y las dudas comienzan a formar parte del día a día.

MIEDO

Con el síndrome del impostor, es muy común experimentar diferentes miedos durante esta fase del ciclo. Los más frecuentes son:

- **Miedo a fallar**. Las personas que sufren este miedo temen no poder cumplir el objetivo que se han marcado y/o cometer diferentes errores durante el proceso. Viven con ansiedad pensando en la humillación y vergüenza que van a sentir si algo falla, y por eso trabajan en exceso buscando la perfección en cada detalle.

- **Miedo a que te dejen de querer**. En ocasiones, las personas con el síndrome del impostor creen que su valor depende exclusivamente de su éxito y temen que las personas que confían en ellas las dejen de querer si no siguen manteniendo su alto nivel de resultados. Por eso, muchas veces no les basta con lograr un objetivo. Necesitan ser las mejores, el número uno, y sentirse así especiales. Si no logran mantener esa primera posición, sienten que fracasan y que han perdido el cariño que tenían por ellas.

- **Miedo al éxito**. A pesar de buscar el éxito, este miedo se presenta por el temor a las consecuencias que puede traer consigo el hecho de triunfar. Como veremos más adelante, algunos de los motivos que están en el origen de este temor pueden ser: no querer sobresalir y hacer sentir mal a seres queridos —como padres y hermanos— que no han podido alcanzar los mismos resultados; porque el entorno considera que no es bueno ser excesivamente competitivo; no querer sentirse diferente en un grupo; por no hacer sentir mal o inferior a tu pareja y que eso conlleve problemas en la relación; no sentirse obligado a mantener ese éxito en el futuro o adquirir más responsabilidades a causa de él.

DUDA

Otro de los momentos importantes durante el proceso tiene lugar cuando las dudas ante la nueva propuesta comienzan a aparecer. En este punto afloran las inseguridades y la falta de confianza en sí mismas que tienen las personas que experimentan el fenómeno del impostor. La comparación con los demás es constante, y suelen realizar una autoevaluación negativa que las coloca en peor posición con respecto a los modelos en los que se fijan. Con mucha frecuencia, se hacen preguntas similares a las que figuran a continuación:

¿Estoy preparado para este trabajo? ▪ ¿Sé lo suficiente? ▪ ¿Estoy capacitado para esto? ▪ ¿Puedo realizar este trabajo con éxito? ▪ ¿Seré capaz de no cometer ningún error? ▪ ¿Podré hacerlo sin ayuda? ▪ ¿Soy mejor que mis compañeros?

Es muy posible que te sientas reflejado en alguna de estas preguntas y que si te paras a pensar un poco, puedas hacer más larga esta lista con las dudas que, en ocasiones, te has planteado ante cualquier objetivo

PROCRASTINACIÓN O SOBREPREPARACIÓN

Con pensamientos negativos, preocupación, ansiedad, miedo y dudas toca ponerse con la tarea o trabajo que ha motivado todos estos sentimientos. Dependiendo de los casos, o de las personas, en este momento pueden darse dos situaciones distintas:

- El miedo y las dudas acerca de la capacidad de resolver con éxito la tarea hace que se posponga una y otra vez el inicio del trabajo. Cualquier tarea menor se hace más atractiva y se antepone a la obligación de arrancar el proyecto. Es decir, se tiende a la **procrastinación**. Con esta opción, la ansiedad y el nerviosismo que lleva aparejados se incrementan, pues el plazo de ejecución se acorta y no se termina de arrancar.

- Por el contrario, hay quien prefiere dedicar todo el tiempo disponible a realizar la tarea y se da una **sobrepreparación**. Se emplean muchas más horas de las necesarias buscando la perfección. Se revisa una y otra vez el trabajo y a veces los detalles cobran tanto protagonismo que se pierde un poco de vista el objetivo final. No se encuentra nunca el momento de dar por finalizado el proyecto.

REALIZACIÓN DEL TRABAJO

Tanto si se tardó en empezar con el trabajo como si se ha dedicado un número excesivo de horas, o incluso si se han dado las dos situaciones, procrastinación y sobrepreparación, el hecho es que llega un momento en que hay que dejar en segundo plano las dudas y las preocupaciones y llevar a término la tarea. Posiblemente, durante todo el proceso de realización, los miedos han seguido muy presentes en la revisión de cada detalle, en cada error detectado y subsanado. Y, por fin, llega el momento de la verdad: la presentación o finalización de la tarea que va a ser evaluada.

ÉXITO O ALABANZAS

Debemos tener en cuenta que el fenómeno del impostor se da en personas perfectamente cualificadas y de éxito demostrado —aunque ellas no sean capaces de percibirlo así—, motivo por el cual no tienen ningún problema real con el desempeño de la tarea, y esta finaliza dando buenos resultados. Una vez alcanzado el objetivo, posiblemente reciban elogios por su trabajo, aunque no se sientan merecedores de ellos, y nadie se dará cuenta de que estas personas han sufrido durante su desarrollo altibajos en sus sentimientos, se han estresado y han llegado a dudar de sus capacidades.

ALIVIO TEMPORAL

El ciclo del impostor llega a su fin. Se ha obtenido el éxito y la tarea ha quedado resuelta con un resultado satisfactorio. Parece que nada malo ha sucedido, los demás han quedado contentos y nadie ha descubierto su mayor secreto: no siente que se haya merecido el éxito.

Durante un breve espacio de tiempo, sienten un alivio temporal. Los nervios desaparecen, los miedos quedan atrás y los malos pensamientos dejan de estar presentes. Pero este momento gratificante dura poco, pues, ante un nuevo reto, el ciclo empezará de nuevo y se repetirá paso por paso.

Las personas con el síndrome del impostor se reconocen como adictas al trabajo y normalmente poseen perfiles carismáticos y aparentan tener el control de la situación. Desde fuera, es extraño percibirlas como inseguras. Lo más difícil de imaginar es que se sientan unas impostoras y que sufran pensando que en la siguiente ocasión alguien descubrirá este secreto que guardan en su interior.

PRÁCTICA.
OBSERVAR CÓMO FUNCIONA
EL CICLO DEL IMPOSTOR

Una vez vistas las distintas fases del ciclo del impostor, analiza cómo es tu reacción ante un nuevo desafío y observa la secuencia de tus pensamientos y lo que sientes a lo largo del proceso.

Una situación nueva que te saque de tu zona de confort (ese estado mental que no permite el crecimiento personal y que impide adquirir nuevas habilidades y experiencias y adaptarse a las nuevas circunstancias) puede provocar en tu estado de ánimo un proceso que recorra cada uno de los pasos del ciclo del impostor. Superarlos revertirá en un alto grado de satisfacción.

Para ello:

- Selecciona tres situaciones más ante las que hayas sentido temor porque suponían un reto para ti.

- Cuando las tengas, prepara una tabla como la que aparece a continuación y anota cómo ha sido tu experiencia. En la primera columna hay un modelo resumido que te puede servir como ejemplo. Cuando rellenes tus columnas, procura detallar al máximo posible cuáles han sido tus pensamientos y las sensaciones que has experimentado.

FASES / SITUACIÓN	COMIENZO DE UN NUEVO TRABAJO	SITUACIÓN 1	SITUACIÓN 2	SITUACIÓN 3
PENSAMIENTOS NEGATIVOS	· No tengo los conocimientos suficientes. · Voy a cometer errores. · …			
PREOCUPACIÓN	· Me preocupa no estar a la altura y fracasar. · Me preocupa decepcionar. · …			

SITUACIÓN / FASES	COMIENZO DE UN NUEVO TRABAJO	SITUACIÓN 1	SITUACIÓN 2	SITUACIÓN 3
ANSIEDAD	· Siento nervios. · Me cuesta dormir. · ...			
MIEDO	· Tengo miedo a fracasar y que me descubran. ·			
DUDAS	· No sé si he hecho bien aceptando este trabajo. · No sé si estoy capacitado. · ...			
PROCRASTINACIÓN	· Mañana estaré más despejado y ya empezaré con ello. · Voy a dar una vuelta y ahora me pongo con la tarea. · ...			
SOBRE-PREPARACIÓN	· Tengo que hacer una última revisión. · No puedo fallar. Aunque no duerma, tengo que mejorarlo. · ...			
REALIZACIÓN DEL TRABAJO	· Hay que sacarlo adelante. · Me tengo que concentrar en la tarea. · ...			

SITUACIÓN / FASES	COMIENZO DE UN NUEVO TRABAJO	SITUACIÓN 1	SITUACIÓN 2	SITUACIÓN 3
ALABANZAS	· Me alegro de que haya salido bien, aunque no me merezco estas alabanzas. · Ha salido bien gracias a la cantidad de horas que he empleado. · ...			
ALIVIO TEMPORAL	· Menos mal que todo ha salido bien. · Qué tranquilo me siento ahora. · ...			

- Una vez completado el cuadro, léelo y repasa cuáles han sido todos los sentimientos que has tenido durante el proceso y lo que has pensado en cada momento. ¿Identificas con tu propia experiencia cómo funciona el ciclo del impostor?

FACTORES QUE INFLUYEN

Hasta ahora hemos visto qué caracteriza a las personas que experimentan el fenómeno del impostor y qué suelen sentir y pensar mientras tienen que llevar adelante una tarea que supone un reto para ellas. También has podido comprobar, si tienes un perfil de impostor, hasta qué punto te identificas con las fases del ciclo descritas anteriormente.

Puede que durante este recorrido te hayas preguntado por qué hay personas cualificadas más propensas a sentirse impostoras que otras y cuáles son los factores que influyen en el desarrollo de este fenómeno. Las causas pueden ser tanto externas como internas, y basta con que se den un par de ellas para que la probabilidad de que se manifieste el síndrome del impostor aumente. Vamos a analizar con un poco de detalle cuáles son.

CAUSAS EXTERNAS

Cuando se trata de buscar el origen de este senti-
miento de impostura, es necesario acudir a la infancia,
al lugar en el que uno ha crecido y al entorno en el que
se ha desarrollado. La familia tiene una importancia
fundamental en nuestras creencias, en cómo nos valoramos a nosotros y a los demás y a las expectativas
que desarrollamos para nuestra vida y nuestras rela-
ciones. Por otro lado, las creencias sociales que interiorizamos durante
nuestro desarrollo marcan de una manera muy significativa la imagen
que nos formamos de cómo debe ser el mundo y qué papel desempe-
ñamos en él.

- **INFLUENCIA DE LA FAMILIA**. En gran medida, la manera en la que
nos valoramos y la imagen que tenemos de nosotros mismos comienza en la infancia. La forma en la que nuestros padres o hermanos nos veían y los comentarios que nos hacían han quedado
grabados en nuestro interior y, de algún modo, han configurado
el modo en el que nos percibimos. Crecemos con esas etiquetas
que nos pusieron. Con sus mensajes, por cómo nos explicaban
lo que sucedía en el mundo, con los valores y creencias que nos
transmitían con sus comportamientos hemos ido configurando
nuestra personalidad. Lo que sucedía en nuestra familia era nuestro único mundo, la manera en la que percibíamos la realidad.

  Los mensajes que hemos recibido pueden influir en la seguridad
  con la que nos enfrentamos al mundo y, posiblemente, en los temores que desarrollamos a hacer algo que defraude a la familia.
  A veces se tiene miedo de quedar excluidos de ese núcleo, de no
  ser valorados o no ser tan capaces o talentosos como nos han
  dicho. Estas son algunas de las causas que pueden favorecer la
  aparición del síndrome del impostor. Vamos a ver algunas situaciones que suceden en el seno familiar y que tienen una inciden-
  cia clara en este fenómeno:

  - **Obligación de destacar.** Es habitual que los padres estén
    deseando que sus hijos aprendan rápido y que muestren
    que son los niños más inteligentes del mundo. Para ello les
    enseñan y les piden constantemente que hagan cosas por sí
    mismos y muestren a todos cuáles son sus aprendizajes y lo
    rápido que están progresando. Los pequeños aprenden pron-
    to que ser listos y rápidos es algo muy valorado, y este senti-
    miento quedará marcado en ellos e interpretarán que, para
    triunfar, es necesario ser más inteligente y rápido que el resto.

Esto no significa que no haya que incentivar el aprendizaje y elogiar los logros; todo lo contrario, solo que hay que tener especial cuidado en no premiar únicamente lo éxitos, que comprendan también que los errores son necesarios para el aprendizaje y, sobre todo, que no se sientan presionados para avanzar más rápidamente de lo que pueda cada uno. Deben sentirse queridos y valorados sea cual sea el ritmo al que progresen.

- **Comparación constante con los demás**. En ocasiones, también existe una excesiva tendencia a hacer constantes comparaciones con los demás, principalmente con los hermanos, aunque también puede darse con otros niños cercanos al entorno del pequeño. Comentarios del tipo: «Mira qué bien lo ha hecho tu hermano», «A ver si aprendes de tu amigo», «A tu edad yo ya sabía hacerlo»... lejos de suponer una motivación suelen provocar una sensación de frustración, de no sentirse lo suficientemente buenos. Es posible que sientan que lo valioso son las capacidades ajenas y no las propias. Es importante que aprendan a reforzar su aprendizaje, que se centren en su propio progreso y que, a partir de ahí, valoren sus éxitos. Esto fomentaría la seguridad en sí mismos y haría más difícil que crezcan midiendo sus triunfos a través de la comparación con los resultados de otros.

- **Un talento diferente al familiar**. Otra de las circunstancias que se puede dar en algunas familias es que la mayoría de sus miembros sean especialmente buenos en algo, por ejemplo, en un deporte o en cualquier materia de estudio, como las ciencias. En este contexto, si uno de los pequeños no destaca para nada en deporte o en ciencias y, sin embargo, tiene un talento especial para la música, es posible que sienta que no es tan exitoso como el resto, que sus habilidades no gozan de tanto valor en su familia y no se sienta tan seguro de la importancia de su capacidad. No resulta fácil crecer siendo el diferente, aunque si desde pequeños aprenden a valorar su singularidad y se sienten respetados por ello, tendrán menos probabilidades de experimentar el síndrome del impostor.

- **Falta de reconocimiento explícito**. A veces existe el temor de que elogiar los éxitos puede perjudicar a los niños o hacerlos arrogantes. En otras ocasiones, lo que pesa es que se da por supuesto que la obligación del menor es hacer las cosas bien sin necesidad de aplaudir por ello, y también se puede dar la circunstancia de que haya otro miembro en la familia que destaca más y se lleva todos los elogios. Ante cualquiera de estas tres circunstancias, es muy posible que el niño crezca pensando que no es merecedor de los elogios, que lo que hace no es tan especial y en su edad adulta no comprenderá por qué otros le felicitan por su trabajo. Es importante no perder de vista el poder de celebrar los logros, fundamentalmente los que han supuesto un esfuerzo y un progreso en la escala de aprendizaje. Para elogiar son tan válidas las palabras como los gestos: caricias, sonrisas, celebraciones compartidas, etc.

- **Una imagen diferente del mundo**. Uno de los primeros choques, que a veces genera cierta confusión en los menores, se produce cuando se empiezan a relacionar fuera del núcleo familiar, en el momento en el que entran en contacto con profesores en la escuela, con compañeros de diferentes procedencias, amigos... y perciben que sus mensajes pueden diferir de lo que han escuchado en casa. De repente descubren que el mundo puede no ser exactamente igual a como lo ven en su entorno familiar, que hay más opciones, y que para desenvolverse en él no existe una única dirección. A partir de entonces, y durante su adolescencia y madurez, decidir si las creencias de su familia son las que se adaptan a su forma de ver la vida será una de las tareas más importantes que deberá asumir para encontrar su propio camino hacia el éxito. Medirse bajo el parámetro de creencias ajenas puede ser una de las causas de experimentar el fenómeno del impostor.

- **Ser el primero de éxito en la familia o provenir de una familia de éxito**. Cualquiera de estas dos circunstancias pueden provocar el sentimiento del impostor. La primera, por el miedo a sentirse diferente y no ser entendido o aceptado, y la segunda, por el temor a no estar a la altura de lo que los demás esperan. En un capítulo posterior, donde analizaremos con más detalle las manifestaciones del síndrome del impostor en diferentes ámbitos, volveremos a hablar de estas situaciones especiales.

- **PRESIÓN SOCIAL**. Además de la familia, la sociedad establece también una serie de creencias en torno al éxito, a la escala de valores, al modo en el que interpreta las diferentes actitudes y comportamientos de sus miembros y las expectativas que tiene de ellos. A veces, estos estereotipos y costumbres pueden causar el despertar del síndrome del impostor. Vamos a ver algunos de los factores que más influyen:

- **Cultura de la perfección**. La sociedad suele crear expectativas que promueven la búsqueda constante de la perfección en todos los aspectos de la vida, ya sea en la carrera profesional, en las relaciones personales o incluso en el aspecto físico. Existen unos cánones muy marcados entre las personas socialmente consideradas de éxito que, a su vez, condicionan e influyen al resto de la sociedad. Este tipo de cultura valora enormemente el éxito y un alto rendimiento, y por eso las personas tienden a establecer estándares muy altos para sí mismas y se juzgan ante cualquier error, pues el fracaso lo interpretan como una señal de debilidad. La comparación constante con otros puede generar sentimientos de inferioridad y, en eso, las redes sociales han adquirido un papel protagonista. Estos estándares de perfección constituyen el ambiente propicio para desencadenar el fenómeno del impostor.

- **Estigmatización del fracaso**. Cuando en la sociedad se valora enormemente el éxito, esto lleva a la percepción de que el fracaso es algo inadmisible y vergonzante, lo que hace que muchas personas teman asumir riesgos o intenten cosas nuevas por el miedo a fracasar y ser juzgadas. Si el entorno presiona para alcanzar ciertos estándares de éxito, o las expectativas que se tienen no aceptan bajo ningún concepto la opción de un fracaso, aparece el miedo a fallar y decepcionar a los demás. Esta estigmatización del fracaso afecta negativamente a la autoestima y a la confianza en uno mismo, y adquiere un peso relevante en el caso de las personas que experimentan el síndrome del impostor. Solo aprendiendo y aceptando que el fracaso es una parte natural del proceso del aprendizaje y crecimiento se puede cambiar esta percepción y tener una actitud más permisiva y positiva ante él.

- **Trabajar en un campo tradicionalmente dominado por hombres**. Las mujeres que trabajan en campos dominados por hombres, y en los que ellas son minoría, pueden sentir una presión adicional para demostrar constantemente su valía y competencia. Esto hace que se exijan mucho más a sí mismas y que se sientan en la obligación de tener que trabajar mucho más que sus compañeros para ser reconocidas y respetadas en su campo profesional. Además, en la mayoría de las ocasiones, tienen que enfrentar el desafío adicional de equilibrar las demandas laborales con las responsabilidades familiares, lo que puede aumentar el estrés y la presión en sus vidas. Para las mujeres que en estas circunstancias experimentan el síndrome del impostor, un fracaso en cualquiera de las áreas de su vida lo interpretan como un signo de debilidad y fracaso.

- **Tener más éxito que otros miembros del grupo**. En ocasiones, la persona que experimenta el síndrome del impostor ha alcanzado un éxito mayor al que suelen obtener otros miembros de su entorno o comunidad. Las expectativas adquiridas socialmente sobre el éxito posible en determinados ambientes pueden llevar a dudar de la posición de alguien más adelante en la vida. Si el éxito obtenido no se corresponde con el papel asignado, se puede caer en el error de considerar que no se es merecedor de ese éxito y que se ha obtenido por error, por suerte o porque ha sido seleccionado como representante de un grupo minoritario.

- **Comparación constante en redes sociales**. Si la comparación constante con los demás puede incrementar los sentimientos de impostura de las personas que experimentan este síndrome, las redes sociales crean un escenario único donde observar las vidas y éxitos de los demás aumenta esta presión por llevar una vida perfecta y exitosa: se exhibe una vida edulcorada exenta de fracasos. Aunque la mayoría de los perfiles muestran una imagen idílica de la existencia, y se tiende a no exponer los errores o situaciones de fracaso, para las personas que no se sienten seguras de sus éxitos, esta lectura de la vida de otros en redes les hace tener una visión desvirtuada de la realidad y dudar de su propio valor. En un capítulo posterior veremos en detalle cómo se manifiesta el síndrome del impostor en la esfera digital.

Como hemos visto, la influencia de la familia y la presión social pueden favorecer el desarrollo del síndrome del impostor, aunque no todo es atribuible a causas externas a la persona. Existen algunas características y sentimientos previos de la persona que también están muy relacionados con este fenómeno. Los repasamos a continuación.

CAUSAS INTERNAS

Hay personas que tienen mayor tendencia a desarrollar el síndrome del impostor debido a la manera
que tienen de percibirse y juzgarse, y también por
las creencias con las que se mueven acerca del significado del éxito y su relación con sentirse valoradas,
queridas y aceptadas por su entorno. Algunas causas
internas que pueden provocar que las personas experimenten este fenómeno son:

- **Alta autoexigencia**. Las personas que tiene una autoexigencia
  alta tienden a marcarse unos objetivos muy elevados y difíciles
  de alcanzar. Suelen llevar una disciplina muy rígida, una planificación excesiva y se sienten culpables si no la cumplen. Se caracterizan también por su dificultad para delegar tareas, tienen miedo
  al fracaso y su sentimiento de valía lo vinculan al resultado que
  obtienen en sus actividades. Son excesivamente autocríticas, se
  centran en los aspectos negativos de sus resultados y sufren una
  baja tolerancia a la frustración. Necesitan el reconocimiento de
  los demás para sentir que van por el buen camino, aunque, una
  vez recibido, tienden a quitarle valor.

- **Baja autoestima y sentimiento de inferioridad**. La percepción
  que tienen de sí mismas las personas con una baja autoestima
  es bastante negativa, y tienden a valorarse muy por debajo de
  sus capacidades. Al compararse con los demás pueden sentirse
  inferiores, y tienen un gran temor a las críticas y al qué dirán. Piensan casi siempre que van a fracasar ante cualquier desafío y, si
  fallan en algo, se sienten muy culpables. Se muestran pesimistas
  antes de empezar una nueva tarea y dependen de la aprobación
  externa para ganar algo de seguridad. Su diálogo interno es muy
  crítico y todo esto hace que les cueste mucho manifestar sus opiniones, tomar decisiones y relacionarse con otras personas.

- **Falta de confianza en uno mismo**. Las personas que no confían
  en sí mismas dudan de su capacidad para hacer frente a las situaciones que se les presentan y lograr sus objetivos. Esto les genera
  sentimientos de incapacidad, desesperanza y miedo al fracaso,
  lo que puede limitarles la posibilidad de perseguir sus sueños.
  Esta actitud les impide tener una visión positiva de ellas mismas
  y tienden a evitar asumir nuevos riesgos por el temor a fracasar.
  No creen que puedan alcanzar el éxito por sí mismas y necesitan
  la validación externa para lanzarse a un nuevo reto, aunque las
  dudas sobre su capacidad estarán casi siempre presentes.

- **Necesidad de sentirse una persona especial y querida**. Uno de los sentimientos que puede estar presente en las personas con el síndrome del impostor es la necesidad no solo de triunfar, sino la de ser las mejores en cualquier reto. De algún modo, para sentirse bien consigo mismas, precisan ser especiales y únicas, no llevar el cartel de ser una de las mejores, sino el de «la mejor». Todo lo que quede fuera de ese resultado, internamente, lo sienten como un fracaso. Posiblemente, desde edades tempranas han destacado dentro del grupo y han sido particularmente elogiadas por sus profesores y padres. Han crecido sintiéndose especiales, con capacidades únicas y destacadas y, quizá por eso, tengan inconscientemente interiorizado que, si no permanecen en esa posición, decepcionarán y dejarán de quererlas. Cuando empiezan a crecer y se enfrentan a nuevos desafíos fuera de su entorno cercano, necesitan sentir que siguen siendo las estrellas. Si no alcanzan la primera posición, comienzan a dudar de sus capacidades y dejan de valorar sus logros; solo ven que no son el número uno.

- **Temor al fracaso**. Para algunas personas, fracasar es algo que no se pueden permitir, porque supondría dejarlas en evidencia ante los demás, y por eso tienen un miedo enorme a equivocarse, fallar y no cumplir con las expectativas puestas en ellas. Este sentimiento limita la capacidad de afrontar nuevos retos y aprendizajes, ya que, en muchas ocasiones, bloquea la capacidad de actuar. Es posible que traten de evitar tareas complicadas o para las que consideren que no están preparadas. Su pensamiento anticipa la visualización del fracaso y, solo con imaginar que esto pueda ocurrir, experimentan una sensación de vergüenza y humillación que desencadena una situación de estrés.

- **Sentimiento de culpa o miedo ante el éxito**. A veces, triunfar genera en algunas personas un sentimiento de culpa si en su entorno, bien en la familia, amigos o comunidad a la que pertenecen, los demás no han logrado ese éxito. Es posible que esto despierte sus dudas acerca de si realmente se merecen ese triunfo. Por otro lado, no les gusta sentirse en un lugar destacado con respecto a los demás, pues esto las coloca en el punto de mira y temen ser criticadas y juzgadas; se sienten más vulnerables ante la posibilidad de no poder repetir su éxito y no cumplir con las expectativas puestas en ellas.

Cada uno de estos sentimientos, por sí solo, no tiene por qué causar el síndrome del impostor. Sin embargo, es difícil que las personas que lo experimentan no se identifiquen con más de uno.

Trata ahora de reflexionar hasta qué punto alguna de estas causas ha contribuido a que te sientas un impostor. Para ello, prepara una tabla como la que aparece a continuación:

	SITUACIÓN	EMOCIONES/ PENSAMIENTOS	REACCIÓN	¿QUÉ LE DIRÍAS A UN AMIGO?
ALTA AUTOEXIGENCIA				
BAJA AUTOESTIMA Y SENTIMIENTO DE INFERIORIDAD				
FALTA DE CONFIANZA EN UNO MISMO				
NECESIDAD DE SENTIRSE ESPECIAL Y QUERIDO				
TEMOR AL FRACASO				
SENTIMIENTO DE CULPA O MIEDO ANTE EL ÉXITO				

- Identifica situaciones en las que hayas tenido alguno de esos sentimientos.

- Para cada situación, apunta cuáles fueron las emociones que sentiste y qué pensamientos cruzaron tu mente.

- Después, describe cuál fue la reacción que tuviste o cómo te comportaste ante esa situación. Reflexiona acerca de tu respuesta. ¿Hubiera sido distinta sin alguna de esas exigencias y miedos?

- Por último, imagina que no eres tú el protagonista y que es un amigo, perfectamente capacitado para asumir el reto, el que tiene esos sentimientos. ¿Qué le dirías para que no quedase bloqueado por sus temores y fuera consciente de su valor y sus méritos?

ALGUNOS DESENCADENANTES

Hasta el momento hemos analizado una serie de causas que pueden favorecer que algunas personas sean más propensas a desarrollar el síndrome del impostor. También hemos visto cómo es su ciclo de funcionamiento, y que la aparición de un nuevo reto o desafío puede desencadenar toda una serie de sentimientos en la persona que se siente un fraude. Los desafíos pueden ser variados, aunque hemos seleccionado algunos de los más relevantes en los que se puede desencadenar y detectar el mecanismo de este fenómeno. Vamos a analizarlos con un poco de detalle y, si actualmente te encuentras en alguna de esas situaciones, podrás reflexionar si estás experimentando el síndrome del impostor.

COMIENZO DE UNA CARRERA

El comienzo de una carrera puede ser un desencadenante del síndrome del impostor. Un estudiante que ha demostrado sus éxitos académicos, cuando se enfrenta al momento de tener que elegir qué va a estudiar, es posible que tenga dudas acerca de si tiene las habilidades y capacidades necesarias para tener éxito en la carrera que está considerando, y que se muestre preocupado por no estar a la altura de las expectativas de sus padres, profesores u otros modelos a seguir. Puede preguntarse si está tomando la decisión correcta y si no se lamentará más adelante. Si se compara constantemente con sus compañeros y se siente inferior a ellos porque no tiene claro su futuro, muestra una gran inseguridad a propósito de su capacidad para enfrentar los nuevos desafíos académicos o se preocupa por la posibilidad de fracasar y que descubran «su incompetencia», seguramente está experimentando el síndrome del impostor.

Puede que estés a punto de comenzar tu carrera universitaria. Si es así, y crees que puedes estar experimentando el síndrome del impostor, responde a estas preguntas:

- ¿Te has sentido abrumado por la presión de elegir una carrera que defina tu futuro y te has preguntado si has tomado la decisión correcta para no defraudar las expectativas puestas en ti?

- ¿Has dudado de tus propias habilidades y capacidades para tener éxito en la carrera que estás considerando?

- ¿Te has comparado con otros estudiantes que parecen tener más claro su camino profesional y te has sentido poco seguro de ti mismo en comparación con ellos?

- ¿Has sentido que tus intereses y pasiones no son lo suficientemente válidos o rentables para seguir una carrera en ese campo?

- ¿Te has preocupado por no cumplir las expectativas académicas y has temido no alcanzar el éxito en tu futura profesión?

Si has respondido afirmativamente a la mayoría de estas preguntas, y tu expediente académico siempre ha sido bueno, probablemente estás experimentando el síndrome del impostor. Confía en tus capacidades, no te compares con otros y acepta los errores que puedas cometer, pues forman parte del aprendizaje y no ponen en riesgo tu valía.

PRIMER TRABAJO

Las personas con el síndrome del impostor que se enfrentan a su primer trabajo tienen dudas acerca de si serán capaces de resolver la tarea con éxito. Saben que tienen un buen expediente académico y que se han preparado para esa oportunidad que ahora se presenta ante ellas, pero dudan de si toda esa capacitación les va a resultar efectiva en el mundo real, un mundo profesional al que se acercan por primera  vez. Sienten una gran presión de probarse a sí mismas que realmente están capacitadas y que tendrán éxito en su cometido.

Si vas a comenzar tu experiencia en el mundo laboral, y consideras que puedes estar experimentando el síndrome del impostor, responde a estas preguntas:

- ¿Te sientes preocupado de que quien te ha contratado, o tus propios compañeros de trabajo, descubran que no tienes las habilidades o conocimientos necesarios para el puesto?

- ¿Sientes que te han contratado solo porque has tenido suerte o porque han sobrevalorado tus capacidades?

- ¿Te comparas constantemente con tus colegas y percibes que estás por debajo de ellos en términos de habilidades y logros?

- ¿Tienes miedo de pedir ayuda o hacer preguntas en el trabajo porque temes que revelen tu falta de competencia?

- ¿Te cuesta aceptar cumplidos o elogios sobre tus habilidades porque entiendes que realmente no los mereces?

- ¿Te preguntas «soy realmente bueno»?

Si has respondido afirmativamente a la mayoría de estas preguntas, cuando la realidad es que tienes un expediente académico a la altura de la propuesta laboral, está claro que estás experimentando el síndrome del impostor. Ser consciente de ello es el primer paso para que empieces a trabajar a fin de no sentirte así.

NUEVOS PROYECTOS

El ciclo del impostor puede iniciarse a raíz de una nueva propuesta de trabajo o tras la promoción a una nueva posición. El interesado tiene claro que, si esto sucede, es porque quien le hace la propuesta conoce que está perfectamente capacitado, que tiene la experiencia necesaria para asumir ese nuevo reto y que confía en que siga desarrollando su función en la nueva posición con éxito. Sin embargo, lejos de producirle una sensación de orgullo y darle confianza para abordar el nuevo reto, empieza a dudar de su capacidades y teme fracasar. De nuevo, la falta de confianza en uno mismo y la dificultad para reconocer sus logros dispara la cadena de temores: «¿Tengo los conocimientos suficientes?», «¿Seré capaz de hacer este trabajo con la misma solvencia con la que estaba desarrollando el anterior?», ¿Qué pasará cuando se den cuenta de que no estoy suficientemente preparado?».

Pensamientos negativos, preocupación, ansiedad, miedo y dudas se irán sucediendo durante este ciclo de aceptación.

Reflexiona a propósito de cuáles son tus sentimientos y cómo reaccionas ante una nueva propuesta laboral o promoción. Luego, contesta a estas preguntas:

- ¿Te preocupa que tus superiores o los nuevos compañeros descubran que no estás tan preparado para el nuevo puesto como creían?

- ¿Dudas de tu propia valía y te cuesta aceptar que mereces el ascenso o la oportunidad profesional que se te ha presentado?

- ¿Crees que tus éxitos pasados se deben a la suerte u otros factores externos en lugar de reconocer tu propio esfuerzo y tus habilidades?

- ¿Evitas compartir tus ideas y propuestas en las reuniones por miedo a ser juzgado o criticado?

- ¿Te sientes abrumado por la responsabilidad y la presión asociadas con el nuevo puesto y te cuesta confiar en ti mismo para manejarlas adecuadamente?

Si has respondido afirmativamente a la mayoría de estas preguntas, estás experimentando el síndrome del impostor. Ten presente que si te han ascendido o te han hecho una propuesta interesante, es porque tu desempeño profesional ha sido bueno. Reflexiona acerca de las fortalezas y capacidades que te han hecho llegar hasta aquí y apóyate en ellas para reforzar tu confianza.

MATERNIDAD

La maternidad puede ser un desencadenante del síndrome del impostor en algunas mujeres. Convertirse en madre implica un cambio significativo en los papeles y responsabilidades, tanto dentro como fuera del hogar. Al equilibrar las demandas del trabajo con las necesidades en el cuidado de los hijos, algunas mujeres pueden dudar de su capacidad para cumplir con éxito todas las tareas. Existe además una presión social acerca de cómo ser una «buena madre», y estas expectativas estereotipadas y culturales pueden provocar sentimientos de no estar a la altura de los estándares. La comparación con otras madres también influye en este sentir de no estar haciéndolo lo suficientemente bien.

La maternidad puede presentar nuevos desafíos específicos en el lugar del trabajo. Es posible que exista la percepción de que la mujeres que han sido madres están menos comprometidas con sus trabajos después de tener hijos, y esto puede llevar a que se cuestionen su valía personal. Además, muchas tienen un nivel de autoexigencia muy elevado y se obligan a desempeñar con éxito todas las funciones que tienen en su vida, tanto personal como profesionalmente, lo cual puede alimentar en algunas mujeres el sentimiento de impostura.

Si eres madre, reflexiona acerca de cómo te sientes ante este reto de cuidar y educar a los hijos y combinarlo con una vida laboral. Después, responde a estas preguntas:

- ¿Te encuentras constantemente cuestionando tus habilidades como madre, sintiendo que no estás a la altura de lo que se espera de ti?

- ¿Te sientes culpable por no poder cumplir con todas las expectativas que tienes sobre ti misma, ya sea como madre en el cuidado de los hijos o en tu desarrollo profesional y personal?

- ¿Notas que otras madres parecen tener todo bajo control y te preguntas si eres la única que lucha por equilibrar la maternidad con otros aspectos de tu vida?

- ¿Evitas compartir tus experiencias como madre por temor a ser juzgada o criticada por otras personas, ya sea en persona o en las redes sociales?

- ¿Te cuesta aceptar elogios o reconocimientos sobre tus habilidades como madre porque sientes que no los mereces realmente o porque crees que no eres tan buena como parece?

Si has respondido afirmativamente a la mayoría de estas preguntas, y sientes que la maternidad ha despertado el síndrome del impostor en ti, párate a reflexionar y pon tu atención en tus puntos fuertes y en todo lo que eres capaz de hacer. No es necesario que te conviertas en una *superwoman* y trates de llegar a todo con un nivel de autoexigencia tan grande. No te compares tanto con otras madres, elige tu propio estilo.

CONSECUENCIAS NEGATIVAS

Experimentar el síndrome del impostor, y vivir esa montaña rusa de emociones ante cada nuevo desafío por el temor a sentirse descubiertos, acaba teniendo una serie de consecuencias muy negativas, tanto físicas como emocionales, para la persona que lo experimenta y hacen que viva continuamente en tensión y alerta. Es importante que identifiques si estás sufriendo algunas de ellas como consecuencia de tu temor a ser descubierto como un fraude. Esto te puede ayudar a ser consciente del problema y quizá te impulse a tomar medidas para superarlo. Vamos a ver algunas de ellas.

AGOTAMIENTO FÍSICO Y MENTAL

El esfuerzo excesivo para cumplir con las expectativas que han puesto en uno, el miedo a fracasar, el recuerdo de errores pasados, las preocupaciones sobre el futuro y no aceptar la ayuda de los demás, por temor a sentirse menos valorados, pueden desembocar en un agotamiento físico y mental, que es una de las consecuencias más comunes del síndrome del impostor. Son frecuentes las somatizaciones corporales, como contracturas musculares, migrañas, trastornos gastrointestinales, dolores de cabeza, etc. Es importante reconocer los signos de desgaste para buscar formas de superarlo. Las más comunes son los siguientes:

- **Insomnio.** Los miedos que provoca el síndrome del impostor causan dificultades para dormir y lograr un sueño reparador. El insomnio hace que la capacidad de concentración en las tareas disminuya, la energía física decaiga y también puede afectar al comportamiento, dando lugar a momentos de desánimo, nerviosismo e irascibilidad.

- **Estrés**. Mantener un estado de preocupación o tensión mental por una situación difícil o un desafío puede generar un alto nivel de estrés, y este afecta tanto a la mente como al cuerpo. Cuando se padece, resulta difícil tanto concentrarse como relajarse, uno se puede sentir ansioso o irritable; además, puede causar dolores en diferentes partes del cuerpo, especialmente en cabeza, estómago y espalda, y dificultades para dormir.

- **Ansiedad.** Surge cuando uno se siente amenazado por la existencia de un peligro. Vivir con el temor a ser descubierto está muy relacionado con la ansiedad. Dependiendo de su intensidad puede manifestarse con palpitaciones, sensación de ahogo, angustia, dolor en el pecho y aparición de fobias.

- **Depresión.** Implica un trastorno en el estado de ánimo que afecta a la forma de sentir, pensar y llevar a cabo las actividades diarias, como dormir, comer o trabajar. Se experimenta una pérdida del interés por realizar actividades que antes gustaba llevar a cabo y aparecen síntomas de tristeza, sentimientos de pesimismo y culpa, disminución de energía, dificultad para dormir y concentrarse, dificultad en la toma de decisiones, cambios en el apetito y dolores corporales sin una causa aparente.

Si crees que estás sufriendo un agotamiento físico y mental como consecuencia de estar experimentando el síndrome del impostor, contesta a las siguientes preguntas y reflexiona acerca de tus respuestas:

- ¿Tienes dificultades para conciliar el sueño debido a preocupaciones relacionadas con la sensación de no estar a la altura de las expectativas?

- ¿Experimentas síntomas físicos de estrés, como dolores de cabeza, musculares o problemas gastrointestinales con más frecuencia de lo habitual?

- ¿Sientes una presión constante para demostrar tu valía y competencia, incluso cuando sabes que has tenido éxito en el pasado?

- ¿Te sientes preocupado por si te descubren como un fraude en el trabajo o en otras áreas de tu vida?

- ¿Has experimentado un aumento en los niveles de ansiedad o ataques de pánico relacionados con situaciones que te hacen sentir un impostor?

- ¿Te sientes desmotivado o deprimido, sin disfrutar de actividades que antes te gustaban, debido a la sensación de impostura?

- ¿Has notado cambios en tu comportamiento, como aislarte de amigos y familiares, y evitar situaciones que desencadenen sentimientos de incompetencia?

Si has respondido afirmativamente a la mayoría de estas preguntas, tu síndrome del impostor te está causando un agotamiento físico y mental que puede incrementar tu sentimiento de sentirte un fraude. El primer paso es que seas consciente de ello y empieces a gestionar tus conflictos internos para mejorar tu bienestar emocional.

MIEDO A ASUMIR RETOS FUERA DE LA ZONA DE CONFORT

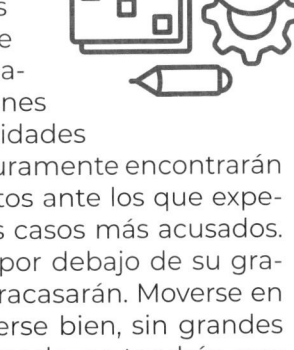

La percepción negativa que tienen de sí mismas y de sus habilidades para enfrentar nuevos desafíos las personas con el síndrome del impostor, puede hacerles creer que no son lo suficientemente capaces o competentes para tener éxito en situaciones nuevas para ellas, por lo que tienden a evitar actividades que no hayan desarrollado con anterioridad. Seguramente encontrarán excusas variadas para eludir la aceptación de retos ante los que experimentan miedo, e incluso malestar físico, en los casos más acusados. Es muy posible que tiendan a aceptar trabajos por debajo de su grado de competencia, porque así sienten que no fracasarán. Moverse en entornos donde tienen la certeza de desenvolverse bien, sin grandes esfuerzos y con éxito, les da seguridad. De este modo, no tendrán que enfrentarse a la posibilidad de un fracaso. Este comportamiento impide el aprendizaje y el progreso en su carrera, por lo que actúa de freno en su evolución y crecimiento personal y profesional.

Si tienes dudas acerca de si has desarrollado miedo a aceptar nuevos retos, contesta a las siguientes preguntas y reflexiona acerca de tus respuestas:

- ¿Sientes ansiedad ante la idea de enfrentarte a algo nuevo?

- ¿Tienes una baja autoestima en relación con tu capacidad de enfrentar nuevos desafíos?

- ¿Has perdido oportunidades de crecimiento personal o profesional debido a tu miedo a aceptar retos?

- ¿Sientes que tu vida se ve limitada por el miedo a aceptar nuevos desafíos?

- ¿Evitas situaciones nuevas o desconocidas con frecuencia?

- ¿Prefieres aceptar un trabajo por debajo de tus competencias para asegurarte de que no cometerás errores?

- ¿Tienes miedo de que aceptar un nuevo reto te suponga un esfuerzo extra y más responsabilidades?

Si has respondido afirmativamente a la mayoría de estas preguntas, estás boicoteando tu propio desarrollo. Debes tomarte un tiempo para reflexionar a propósito de tus capacidades, habilidades y logros y apoyarte en ellos para recuperar la confianza en ti mismo. Acepta la posibilidad de cometer errores, y no los interpretes como un fracaso, sino como algo que forma parte del aprendizaje y que son necesarios para crecer y progresar.

DIFICULTAD PARA RELACIONARSE CON LOS DEMÁS

Las personas que experimentan el síndrome del impostor necesitan sentirse valoradas y temen decepcionar a los demás. Su miedo a sentirse descubiertas, la baja autoestima o falta de confianza en sí mismas puede dificultar su capacidad para establecer relaciones sólidas y saludables y provocar que experimenten temor a abrirse a los demás y sentirse vulnerables. Por otro lado, la incomodidad que le causan los elogios puede hacer que se sientan incómodas en situaciones sociales donde reciben un exceso de atención positiva y se vean expuestas al juicio de los demás.

Es posible que el síndrome del impostor te esté afectando a tu capacidad de relacionarte con los demás. Es importante que reconozcas si tienes dificultades de relación y si estas responden a tu percepción de sentirte un fraude. Responde a estas preguntas y reflexiona acerca de tus respuestas:

- ¿Evitas participar en actividades sociales o profesionales por miedo a ser descubierto como un fraude?

- ¿Te cuesta confiar en los demás o abrirte emocionalmente por temor a que descubran tus temores de sentirte impostor?

- ¿Evitas compartir tus ideas en grupos o reuniones por miedo a ser juzgado?

- ¿Te preocupa lo que los demás piensen de ti y sientes que debes mantener una apariencia de éxito y competencia en todo momento?

Si has contestado afirmativamente a la mayoría de estas preguntas, tus relaciones con los demás se están viendo afectadas por tu síndrome del impostor. No dejes que tus temores afecten negativamente a tu vida y te impidan disfrutar plenamente de ella. Busca estrategias que te ayuden a romper con este ciclo de inseguridades y miedos y céntrate en tus capacidades y logros para celebrar el éxito que te mereces.

EL SÍNDROME
DE LA IMPOSTORA

Hemos hablado acerca del síndrome del impostor, qué lo caracteriza, cómo detectarlo y qué factores lo causan. Ahora vamos a ver un cómo afecta especialmente a las mujeres, por qué muchas de ellas no terminan de confiar en sí mismas incluso cuando hay pruebas evidentes de su buen hacer, cuáles son las causas históricas, sociales y familiares que hacen que el síndrome se haga especialmente presente entre el género femenino.

A lo largo de la historia, se han impuesto roles y expectativas sobre lo que se espera de los hombres y las mujeres en la sociedad. En los contextos en los que ellas han sido históricamente relegadas a funciones domésticas o subordinadas al género masculino, es posible que experimenten el síndrome de la impostora al entrar en campos tradicionalmente dominados por los hombres o al asumir puestos de liderazgo. En algunas culturas, también se espera que las mujeres desempeñen determinadas funciones específicas para satisfacer a sus familias y ser aceptadas por su comunidad. Esta presión puede contribuir a que se sientan impostoras si consideran que no están cumpliendo con estas expectativas.

Es importante tener en cuenta que hay una gran variedad de factores individuales, sociales, psicológicos, culturales y sociales que influyen en el desarrollo del síndrome del impostor, como hemos visto en capítulos anteriores, y que no todas las personas que viven bajo estas presiones experimentarán este fenómeno. Sin embargo, comprender algunas de estas causas, puede ayudar a contextualizar este sentimiento y abordarlo de una manera más efectiva.

CAUSAS HISTÓRICAS

El papel de la mujer en la historia ha sido significativo, aunque frecuentemente subestimado o no suficientemente reconocido en los relatos históricos. Las mujeres han desempeñado múltiples roles en diferentes esferas de la sociedad, pero también se han encontrado con restricciones que **han limitado su participación en igualdad** de condiciones con los hombres.

Tradicionalmente, las mujeres han jugado un papel central en el ámbito familiar, encargándose del cuidado de los hijos, la administración del hogar y el mantenimiento de las relaciones familiares y comunitarias. Esta función, aunque vital, frecuentemente ha sido menos valorada en comparación con las ocupaciones remuneradas fuera del hogar, lo cual ha contribuido a una valoración desigual de estos trabajos. A pesar de las restricciones, las mujeres también han contribuido activamente a la economía, desde la agricultura a la industria. Durante las guerras mundiales, las mujeres desempeñaron funciones que tradicionalmente habían ocupado los hombres, demostrando su capacidad en una variedad de trabajos. Sin embargo, a menudo se han enfrentado a una discriminación salarial, restricciones en la búsqueda de empleo y condiciones laborales precarias.

Históricamente, han tenido un acceso limitado a la educación formal, al contrario que los hombres. A pesar de ello, han contribuido significativamente a las artes y las letras, a menudo utilizando seudónimos masculinos para ganar aceptación en un mundo dominado por los hombres. En la ciencia han desempeñado igualmente un papel fundamental, aunque sus aportaciones han sido poco visibilizadas a favor de su compañeros que, en ocasiones, se han llevado el reconocimiento.

La historia que nos ha llegado ha borrado en gran parte muchos de los éxitos y contribuciones que ellas han tenido en diferentes épocas históricas. Este modelo de sumisión, modestia y miedo a destacar puede influir en algunas percepciones que tienen de sí mismas acerca de su valor, y es posible que todavía estén presentes en el pensamiento de mujeres sobradamente capacitadas que, a pesar de ello, se sienten unas impostoras.

SUPREMACÍA MASCULINA, SUMISIÓN Y OBEDIENCIA

Tradicionalmente, muchas culturas han visto a los **hombres como los líderes naturales** dentro de la familia y la sociedad. Este modelo patriarcal se ha perpetuado a través de sistemas legales, religiosos y culturales que sitúan a la mujer por debajo de estas posiciones de autoridad y poder. Históricamente, las **leyes tampoco favorecían la igualdad** de género y las mujeres han sido legalmente dependientes de sus padres y esposos, con derechos limitados en cuanto a propiedad, voto, educación y empleo. Dentro de la familia, se esperaba que las mujeres obedecieran a sus padres y luego a sus esposos. El concepto de *pater familias* en el derecho romano, por ejemplo, otorgaba al hombre el control casi absoluto sobre su familia. En muchas sociedades, también han tenido **barreras para acceder a la educación** y a oportunidades de desarrollo personal y profesional, pues se ha considerado que no necesitaban o no merecían la misma formación que los hombres. Asimismo, diversas **interpretaciones religiosas** han promovido la idea de que las mujeres deben ser sumisas a los hombres y han reforzado su papel secundario. Igualmente, durante mucho tiempo, han sido **excluidas de la participación política y económica**. Su acceso a posiciones de poder y a la toma de decisiones ha sido significativamente restringido.

A lo largo de la historia, han sido muchos los modelos patriarcales que han dejado fuera a las mujeres de la toma de decisiones y de cualquier representación en la esfera pública. Veamos solo algunos ejemplos:

- En la **antigua Grecia**, las mujeres tenían un estatus legal limitado y eran generalmente excluidas de la vida pública y política. Los hombres eran los ciudadanos plenos y las mujeres dependían legalmente de sus padres o esposos.

- En la **Roma antigua**, el *pater familias* tenía el poder absoluto sobre todos los miembros que la componían, incluyendo el derecho sobre su vida o muerte. Las mujeres requerían de un tutor masculino para realizar la mayoría de las actividades legales.

- En la **Europa medieval**, el concepto de dote y el matrimonio acordado reforzaban la idea de que las mujeres eran propiedad transferible entre hombres, y la realidad era que estaban sometidas a la autoridad del padre y después a la del esposo.

- En el **Imperio azteca**, los hombres ocupaban la mayoría de los puestos de liderazgo y combate y las mujeres se dedicaban principalmente a tareas domésticas y algunos oficios. Únicamente algunas mujeres de la nobleza podían tener cierto grado de poder e influencia.

- En el **Imperio otomano**, el harén es un ejemplo de cómo las estructuras patriarcales también se manifestaban en la segregación y control de las mujeres dentro de los espacios privados.

- En la **China imperial** y bajo el confucianismo, que duró milenios, el orden social y familiar estaba basado en jerarquías rígidas con el hombre en la cúspide. A la mujer le correspondía ser esposa o concubina y madre. La mujer fuera del matrimonio no tenía ningún lugar en la sociedad, sin distinción de clases, de cultura o de edad.

- En la **época victoriana**, la esfera doméstica se consideraba el espacio de las mujeres, mientras que el mundo de los negocios y la política era dominio de los varones. Las mujeres eran vistas como moralmente superiores, pero física y emocionalmente más débiles, lo que justificaba su exclusión de la vida pública.

Estos ejemplos muestran cómo las estructuras patriarcales han moldeado las sociedades a través de la historia, definiendo roles de género y limitando las oportunidades y derechos de las mujeres. Realizar funciones fuera de esos estereotipos marcados es una de las causas por las que ellas se han sentido más presionadas y fuera del sistema de poder. Como consecuencia, han podido dudar más de sus capacidades y, quizá, hayan experimentado en ocasiones el síndrome de la impostora.

SOMETIDAS A JUICIO

La subordinación de las mujeres y los juicios en su contra a lo largo de la historia hunden sus raíces en una variedad de factores que se han entrelazado para reforzar las estructuras patriarcales dominantes. El **control sobre las mujeres y sus cuerpos**, roles y comportamientos ha propiciado que se juzgara a las que desafiaban estos estereotipos. A menudo, han sido castigadas por no cumplir con las expectativas de género específicas, como la modestia, la sumisión y el cumplimiento de tareas domésticas. Las que se desviaron de estas normas, ya sea por su comportamiento, vestimenta o independencia, frecuentemente recibieron críticas severas o sanciones legales. En muchas culturas, la virginidad y la fidelidad de las mujeres han sido especialmente valoradas e incluso reguladas (todavía lo es en demasiados lugares), y por eso se las ha juzgado y penalizado por actividades que se perciben como amenazas a la moralidad sexual, como el adulterio o la promiscuidad.

En la época de la caza de brujas en Europa y parte de América, miles de mujeres fueron también **acusadas de brujería** y muchas fueron ejecutadas. Estas acusaciones, a menudo, eran motivadas por la misoginia, el miedo a lo desconocido y la necesidad de explicar calamidades o eventos desafortunados en la comunidad. También las doctrinas religiosas han aprovechado para definir roles de género y sancionar comportamientos que consideraban inapropiados para una mujer. En muchas sociedades, las leyes religiosas influyeron también en leyes civiles y se juzgó a mujeres por transgresiones que actualmente se podrían considerar asuntos personales. Desgraciadamente, esto es algo todavía presente en algunas sociedades.

Las mujeres que **lucharon por la igualdad de derechos** fueron, asimismo, objeto de crítica y castigo. Defender estos derechos básicos las puso en conflicto directo con las normas sociales y legales de su tiempo, como fue el caso de las sufragistas.

Los juicios contra las mujeres han constituido herramientas para mantener el estatus del estado patriarcal y reforzar su control y, por eso, el desafío de las normas establecidas que defienden los estereotipos de género ha estado —o está— castigado en algunas sociedades.

MUJERES BORRADAS DE LA HISTORIA

En los relatos históricos, muchas mujeres han sido borradas o se ha minimizado su papel, a pesar de sus contribuciones significativas en muchos campos. Algunas tuvieron que firmar sus obras con nombres masculinos para que se las tuviera en cuenta, y seguramente su contribución en la historia fue mucho más importante que la imagen que se nos ha transmitido. Como hemos visto, esto se ha debido en gran parte a las estructuras patriarcales que dominaban las sociedades y los prejuicios de género que han prevalecido en casi todas las épocas históricas.

Hasta hace poco tiempo, los planes educativos solo mencionaban un listado de hombres ilustres que había que destacar y dar a conocer en los materiales escolares, tanto en el campo científico como en el literario y artístico. Pocas mujeres se encontraban en esos currículos educativos. Poco a poco esta es una realidad que va cambiando y empieza a descubrirse el papel de muchas mujeres con poder en su época y que quedaron borradas de la historia. Son tantos los nombres que no sería posible hacer ahora una lista completa, pero bastan tres ejemplos para ver qué mujeres tan valiosas no han sido tan conocidas hasta épocas recientes:

- **Hipatia de Alejandría** (355-415). Una de las primeras mujeres matemáticas de las que se tiene conocimiento. Escribió sobre geometría, álgebra y astronomía. Fue también maestra de algunos científicos importantes de la época. Su obra no se ha conservado, aunque hay varias referencias en tratados de algunos de sus discípulos. Tuvo una gran influencia política en su época.

- **Artemisa Gentileschi** (1593-1656). Fue una pintora barroca de gran éxito cuyo trabajo fue a menudo atribuido a hombres o ignorado a favor de sus contemporáneos masculinos. Sus obras, que a menudo representan figuras femeninas poderosas, se han revalorizado recientemente.

- **Rosalind Franklin** (1920-1958). El trabajo de esta química británica fue crucial para entender la estructura en doble hélice del ADN, aunque fueron solo sus colegas masculinos James Watson y Francis Crick quienes recibieron el Premio Nobel por este descubrimiento.

La revisión reciente del legado de mujeres importantes y valiosas en su época está ayudando a ajustar la narrativa de la historia que se ha contado para incluir más voces femeninas. Su exclusión de los referentes históricos ha tenido consecuencias para las mujeres y para la sociedad en general. Las más significativas son:

- **Falta de modelos a seguir**. Las mujeres han carecido de modelos en muchos campos atribuidos históricamente a los hombres, lo que ha limitado su percepción sobre lo que es posible lograr. La falta de visibilidad de las contribuciones femeninas ha perpetuado la idea de que ciertas profesiones y roles son exclusivamente masculinos.

- **Impacto en la educación**. La exclusión de las mujeres en los currículos educativos ha dado lugar a una visión sesgada y desequilibrada de la historia y de la ciencia, lo cual desanima a las jóvenes a tener intereses en áreas dominadas por los hombres. La poca representación en campos como la ciencia, tecnología, ingeniería y matemáticas ha contribuido a las desigualdades de género y a la menor participación femenina en estas áreas STEM (por sus siglas en inglés, derivadas de *Science, Technology, Engineering and Mathematics*), vitales en la sociedad actual.

- **Falta de representación en política**. La ausencia de mujeres en los relatos históricos ha reforzado la idea, durante mucho tiempo, de que los hombres son los principales actores en política y toma de decisiones. Esto ha llevado a aprobar medidas que a menudo ignoran o malinterpretan las necesidades y derechos de las mujeres.

- **Ralentización en el proceso de igualdad de género**. La exclusión de las mujeres ha reforzado los estereotipos de género sobre los roles apropiados para cada uno, lo que a la vez ha perpetuado la discriminación y las expectativas de género limitantes y ha ralentizado el avance hacia la igualdad en muchos sectores de la sociedad.

- **Perspectivas sesgadas en la ciencia e investigación**. La falta de diversidad en la investigación puede llevar a sesgos en los estudios científicos y en el desarrollo de tecnologías, productos o servicios que no toman en cuenta, adecuadamente, las necesidades de más de la mitad de la población mundial.

La exclusión histórica de las mujeres ha tenido un gran impacto en perpetuar las desigualdades y ha privado a la sociedad de un aprovechamiento de grandes talentos y contribuciones muy valiosas para avanzar en creatividad e innovación, y ha podido afectar negativamente al crecimiento económico y desarrollo. Esta falta de referentes femeninos ha propiciado que muchas mujeres, en la actualidad, se sientan obligadas a trabajar el doble que los hombres para demostrar que son igual de valiosas que ellos en campos en los que tradicionalmente se han visto excluidas. Esta es otra causa que puede favorecer el sentimiento de impostora en mujeres altamente capacitadas y que, sin embargo, temen no estar a la altura de las expectativas.

MOTIVOS SOCIALES Y PROFESIONALES

Los estereotipos de género interiorizados desde la niñez están muy relacionados con la aparición del síndrome de la impostora. Tradicionalmente se enseñaba a los niños a ser fuertes y competitivos, mientras que las niñas debían mantener un perfil bajo, ser discretas, cuidadosas y acompañar a los hombres en sus éxitos. En la edad adulta hay mujeres que tienen sentimientos de culpa si destacan más que sus parejas masculinas, y esto hace que se planteen si deben asumir ciertos retos. Cuando obtienen éxito, tienden a interpretar que se debe a una cuestión de suerte o de discriminación positiva más que a un fruto de su esfuerzo, habilidades y trabajo.

Las niñas y los niños a menudo aprenden a **socializar de manera diferente**. A las niñas se las invita a ser complacientes, evitar el conflicto y buscar la aprobación externa, lo que puede llevar a las mujeres a que sean más propensas a dudar de sus habilidades y a sentir que no merecen su éxito. La **discriminación de género y los sesgos implícitos** en la sociedad y en el lugar de trabajo pueden provocar que las mujeres se sientan subestimadas, y si tienen que afrontar obstáculos adicionales debido a su género, es más probable que experimenten el síndrome de la impostora. Además, en muchas ocasiones, existe una **expectativa de éxito el doble de exigente** para las mujeres, que deben demostrar una competencia excepcional para ser tomadas en serio en sus profesiones. Esto puede llevarlas a interiorizar la idea de que tienen que trabajar más para probarse a sí mismas que están capacitadas y son realmente competentes. Por otro lado, en muchos campos profesionales las mujeres han estado poco representadas en puestos de liderazgo y posiciones de poder, y esta falta de representación y modelos a seguir puede provocar que las mujeres se sientan como intrusas en ciertos entornos laborales, lo que es posible que alimente su síndrome de impostora.

Por supuesto que no todas las mujeres experimentan este fenómeno de la misma manera y por las mismas causas, aunque tener en cuenta tales factores puede ayudar a entender mejor el origen del síndrome de la impostora en las mujeres y promover entornos más inclusivos y de apoyo.

EL CUERPO DE LAS MUJERES Y EL VALOR DE LA BELLEZA

El cuerpo y la apariencia física están muy ligados a la autoestima, especialmente en las mujeres. En ellas juega un papel muy significativo respecto a **cómo se las valora** y percibe en la sociedad. Este fenómeno está muy influenciado por factores culturales que, a veces, priorizan la apariencia a otros atributos como la inteligencia o la personalidad. El cuerpo de las  mujeres está expuesto a ser observado y juzgado por miradas ajenas. Tener una silueta según los cánones del momento significa, para muchas, una garantía de éxito. Esto puede llevar a determinadas mujeres a que se sientan presionadas a ajustar sus figuras a determinados modelos que se marcan como «estándar», y para ello realizan dietas extremas, ejercicio indiscriminado y se someten a operaciones. Si a pesar de todo no logran alcanzar esos patrones establecidos, vivirán insatisfechas a causa de su imagen.

Poner el foco del valor en la apariencia física puede generar sufrimiento y una **falta de confianza y autoestima**. Desde niñas, las mujeres aprenden del valor que tienen sus cuerpos para ser aceptadas. Los mensajes que reciben y las comparaciones con determinados modelos de belleza pueden generar inseguridad e insatisfacción con la propia imagen. Los medios de comunicación y la industria dedicada a la estética promueven ideales de belleza a menudo inalcanzables y altamente idealizados. Esto puede llevar a algunas mujeres a que se sientan presionadas e interioricen que su valor y éxito social está centrado en su apariencia física y en modelos estéticos que cambian según las épocas. Los estereotipos de género hacen también que, en determinados sectores laborales, el aspecto físico pueda influir en las oportunidades de empleo y en los avances profesionales de las mujeres, y que la publicidad, todavía en muchos casos, las trate como objetos cuya principal función es ser visualmente atractivas.

Por otro lado, las redes sociales han creado una plataforma donde la imagen corporal puede ser tanto positivamente celebrada como negativamente criticada. Mientras que hay corrientes que promueven la diversidad y la aceptación, otras perpetúan imágenes y modelos idealizados y fuera de la realidad, lo que puede contribuir a la ansiedad y a la insatisfacción corporal.

Todas estas expectativas acerca del cuerpo y la belleza favorecen la aparición de inseguridades y miedos, y pueden ocasionar que las mujeres se sientan menos válidas por poner el foco del éxito en parámetros que nada tienen que ver con sus propias habilidades y desafíos de desarrollo personal.

LA IMPORTANCIA DE LA EDAD

La edad de la mujer influye significativamente en cómo es valorada en la sociedad, y esto se manifiesta en la percepción que se tiene en diferentes ámbitos. En el **campo profesional**, la cuestión de la edad es un problema notable, especialmente para las mujeres, que a menudo se enfrentan a estereotipos que las perciben como menos valiosas o menos capaces después de alcanzar cierta edad. Los años hacen que se las vea menos aptas para muchos trabajos o con menos contacto con tendencias modernas y ciertas tecnologías, lo que afecta a sus oportunidades de empleo y avance profesional y limita sus carreras a un periodo de tiempo más reducido. Los propios programas de selección de personal, la mayoría de las ocasiones, hacen una criba de perfiles en función de la edad que no se corresponde para nada con las competencias, experiencias y capacitación para el puesto.

Por otro lado, la representación de las mujeres en los **medios de comunicación y publicidad** se centra mayoritariamente en los modelos jóvenes. Las mujeres mayores tienden a ser invisibles o vinculadas a funciones que hacen hincapié en su edad de manera muy distinta a como lo hacen con los hombres de los mismos años. En casi todas las culturas, las jóvenes son apreciadas por su belleza y por su valor de ser fértiles, mientras que las mujeres mayores pasan a ser valoradas por su sabiduría y experiencia, aunque esta transición a la edad madura no es igual de justa para hombres y mujeres, pues ellas, en muchas ocasiones, sienten una pérdida de valor en **el estatus social** a medida que envejecen.

La manera en la que la sociedad valora o no a las mujeres basándose en su edad puede tener un impacto significativo en su **autoestima y sentido de identidad**. Sienten una presión mayor por mantenerse jóvenes en apariencia y comportamiento para seguir siendo vistas como valiosas. La percepción de su edad afecta también a **la vida personal y afectiva** de las mujeres, pues influye en su autoestima, en cómo se perciben a sí mismas y en cómo son vistas por otros.

Todos estos factores juegan en contra de la confianza en sí mismas, en su motivación para aceptar nuevos retos a una determinada edad, en su miedo a ser juzgadas, pues tienen que tener una autoestima alta, muy superior a la de los hombres, para lanzarse a nuevas aventuras, sabiendo que muchas miradas críticas van a estar puestas sobre ellas, y que hay muchas barreras que tendrán que saltar para seguir adelante, perseguir sus sueños y triunfar. Todos los estereotipos de género facilitan que las mujeres desarrollen el síndrome de la impostora y que, a pesar de estar altamente cualificadas para algunas tareas, sientan que no se merecen, «a su edad», alcanzar determinados logros.

UN VALOR VINCULADO A LA MATERNIDAD

Durante siglos, el valor de la mujer ha estado vinculado a su fertilidad y a la posibilidad de tener descendencia y ser madre. Este enfoque restringe la percepción de la mujer y su papel en la sociedad de maneras que le afectan a nivel individual y colectivo. Vincular su valor a la maternidad perpetúa **roles de género tradicionales y restrictivos**. Ello, a su vez, limita sus oportunidades en muchas áreas de la vida, incluyendo su desarrollo profesional, educativo y personal, ya que se espera que prioricen la familia y la crianza de los hijos por encima de todo.

La mujeres se encuentran sometidas a la **presión social de tener hijos**, lo que puede causarles una angustia emocional, especialmente si tienen dificultades para tener descendencia o si eligen no tenerla. Esta presión puede derivar en estigmatización y afectar a su bienestar emocional y social. Además, la maternidad hace que las mujeres tengan **trayectorias profesionales interrumpidas** y pueden encontrarse con alguna discriminación laboral en algunas contrataciones o en las posibilidades de promoción. Todo esto les supone un esfuerzo laboral mayor, y algunas se sienten culpables si no atienden a todos los frentes de su vida con el mismo grado de atención y perfección. En el síndrome de la impostora, este tipo de perfil, el de la *superwoman*, es muy habitual.

MUJERES Y CIENCIA

Las mujeres han hecho contribuciones muy importantes en ciencia y tecnología, aunque muchas veces no han gozado del reconocimiento personal adecuado. Figuras conocidas como Marie Curie, Rosalind Franklin —de la que hablamos anteriormente—, o Ada Lovelace —considerada hoy la primera programadora de ordenadores—, han desempeñado roles pioneros en sus respectivos campos de investigación. A pesar de esto, siguen estando muy poco representadas en STEM, un desafío que persiste hoy en día.

Las industrias relacionadas con las STEM se sitúan en el centro de la innovación y constituyen los principales empleos del futuro. En la mayoría de los países, las niñas obtienen tan buenos resultados como los niños en matemáticas y ciencias; sin embargo, el número de mujeres que cursan carreras científicas es significativamente menor que el de los hombres. Los estereotipos de género juegan un papel crucial en este hecho, bien por la percepción que tienen las mujeres acerca de sus capacidades o porque tienen menos oportunidades en los campos dominados por ellos.

Desde una edad temprana, los niños reciben mensajes sobre qué **actividades son apropiadas** para su género. Los juguetes y las actividades educativas orientadas a la ciencia y la tecnología a menudo se emplean más con niños que con niñas, lo que puede limitar el interés de estas desde el principio de su educación. Los estereotipos de género aparecen pronto en los niños. En el estudio publicado por Lin Bian y su grupo, de la Universidad de Illinois en Champaign, se señala que, ya a los seis años, las niñas empiezan a dudar y aceptan que no son tan inteligentes como los niños de su edad y comienzan a evitar actividades que consideran para chicos verdaderamente sobresalientes.

Además, hay quien tiene la creencia de que los hombres son más aptos para las matemáticas y las ciencias, mientras que las mujeres son mejores en habilidades lingüísticas, y esto limita su avance e interés en campos científicos y puede afectar a la autoestima y autoconfianza que tienen en sus competencias. También la **escasez de modelos femeninos** liderando este campo hace más difícil para las aspirantes ver la opción de las carreras STEM como una opción viable y atractiva. Incluso cuando eligen estas carreras, pueden encontrarse en un ambiente de trabajo que las hace sentir unas intrusas. Por otro lado, las mujeres a menudo sienten presiones adicionales para **equilibrar las responsabilidades familiares con sus carreras** y, en campos exigentes como la ciencia, esto puede ser también un obstáculo.

El síndrome de la impostora en mujeres con carreras científicas puede presentarse cuando interiorizan los estereotipos y llegan a dudar de sus propios logros y atribuir sus éxitos a factores externos. Las carreras de ciencias suelen ser altamente competitivas y exigen estándares muy altos de rendimiento, y este ambiente puede ser particularmente desafiante para aquellas que ya dudan de sus competencias. Según un estudio publicado por la Universidad de Cornell en 2018, los hombres sobrestiman sus capacidades y su rendimiento, mientras que las mujeres lo subestiman. Ante las dificultades, muchos hombres responden con una atribución externa como «La prueba era muy difícil» o «El profesor es muy duro», mientras que las mujeres tienden a hacer una atribución interna del fallo del tipo «No soy lo bastante buena. He fracasado». Una Tellhed y Caroline Adolfsson, de la Universidad de Lund (Suecia), escribían en 2018 que, aunque hombres y mujeres son psicológicamente similares y tienden a hacer con iguales resultados la mayoría de los test de habilidades, ambos tienen una visión diferente de sus propias competencias. Las mujeres tienden a aceptar y sentir los estereotipos de género, lo que, a su vez, les hace dudar de su capacidad en habilidades que se consideran dominio principal o exclusivo de los hombres. En cambio, ellos se consideran capacitados en lo que se incluye en el estereotipo de hombre pero, también, en lo que se atribuye a «cosa de mujeres».

En los entornos donde predominan los hombres, las mujeres pueden encontrarse con sesgos inconscientes que cuestionan su competencia o sus habilidades. Ello puede traducirse en recibir menos apoyo, más críticas o ser tomadas menos en serio que sus colegas masculinos. Marc Lerchenmueller y sus colegas, de la Universidad de Mannheim, en Alemania, estudiaron cuál era el vocabulario que empleaban los científicos STEM en las presentaciones y en los títulos y los resúmenes de sus publicaciones, y observaron que las mujeres presentan sus resultados con términos menos positivos que los hombres. Los científicos, además, resaltan más que las científicas la importancia de sus trabajos, y ellas promocionan menos los resultados de sus investigaciones. Quizá muestran una confianza menor en su trabajo, o son más prudentes al darlo a conocer, y, por ello, el mérito de sus estudios no destaca tanto en sus presentaciones.

Para superar esta brecha de género es importante trabajar desde la infancia. Las actividades de aprendizaje temprano desempeñan un papel importante en el desarrollo de los niños y niñas. Contar, construir con bloques, utilizar juguetes de construcción, escribir números o dibujar formas fomenta las habilidades numéricas. Cantar, escribir, leer, contar historias y hablar de lo que se ha hecho facilita la alfabetización, y esta es una capacidad fundamental para todas las asignaturas, también para el rendimiento en las ciencias. Es importante que los padres se sensibilicen ante esta cuestión para que eviten utilizar juegos estereotipados de género al interactuar con sus hijos y que así las niñas no crezcan con un sentimiento de no estar capacitadas para las ciencias.

MUJERES DIRECTIVAS

El síndrome de la impostora en mujeres que son directivas u ocupan posiciones de liderazgo es un fenómeno más frecuente de lo que parece, y puede influir en su desempeño y bienestar emocional. A pesar de sus logros, muchas directivas tienen la **creencia limitadora** de no merecer el puesto, piensan que se debe a la suerte, dudan sobre sus capacidades y temen que los demás descubran que no son lo suficientemente buenas o que las juzguen.

Los estereotipos de género acerca de qué puestos son los apropiados para las mujeres pueden hacer que aquellas que desempeñan puestos de liderazgo sientan que deben probar constantemente **su valía**. La falta de representación femenina en la alta dirección es posible que intensifique también sus sentimientos de aislamiento y excepción, lo que hace que cuestionen su pertenencia a ese grupo de élite y se sientan impostoras. Además, puede que perciban una presión adicional para no cometer errores en su desempeño, y este perfeccionismo supone una carga de trabajo extra y una **autoevaluación crítica** por la que los logros se atribuyen a factores externos en lugar de a las propias habilidades y esfuerzos.

La expectativa de que las mujeres equilibren con éxito sus carreras profesionales con otras responsabilidades personales y familiares hace que sientan que deben atender todos los frentes con el mismo grado exquisito de desempeño, por lo que cualquier cosa que no funcione correctamente provoca que cuestionen su competencia.

Las **consecuencias negativas** para las mujeres directivas que experimentan el síndrome de la impostora son:

- **Miedo a asumir riesgos**. El miedo a fracasar hace que sean más cautelosas y menos propensas a asumir riesgos, lo que puede limitar su capacidad para innovar o avanzar en sus carreras.

- **Estrés y agotamiento**. La presión constante por probar su valía y el miedo a ser descubiertas como fraudes pueden llevarlas a altos niveles de estrés y a momentos de agotamiento.

- **Limitación del desarrollo profesional**. El síndrome de la impostora hace que las mujeres duden en solicitar promociones, negociar salarios más altos o asumir nuevos retos.

Ten en cuenta que estamos hablando de directivas que experimentan el síndrome de la impostora, y que esto no quiere decir que no haya mujeres muy seguras de sí mismas en puestos de liderazgo, al igual que hay hombres que no confían en sí mismos en responsabilidades similares.

MOTIVOS FAMILIARES

Los entornos familiares son los espacios más importantes donde se debería fortalecer la autoestima, si bien, a veces, determinadas dinámicas de los hogares pueden influir negativamente en la confianza que las mujeres tienen en sí mismas e intensificar en ellas el sentimiento del síndrome de la impostora.

En algunas familias aún se promueven **roles de género** tradicionales donde se espera que la mujer priorice funciones como el cuidado del hogar y de los hijos sobre las aspiraciones profesionales. En este contexto, las que deciden ingresar en el entorno laboral pueden sentirse unas impostoras y fuera de lugar en estos espacios, por esa creencia interiorizada de que en realidad lo que «tendrían que hacer» es quedarse en su casa. Por el contrario, en otras familias es posible que la mujer sea vista como una «*superwoman*» que debe manejar con éxito todos los aspectos de la vida —carrera, familia y hogar—. Esta **sobrecarga de expectativas** también puede acarrearles dudas a propósito de su capacidad para manejarlo todo de manera efectiva, lo que aumenta la ansiedad y el síndrome de la impostora.

Por otro lado, la **falta de apoyo emocional** o la ausencia de reconocimiento por los logros, si las familias minimizan o ignoran sus éxitos o los atribuyen a factores externos, como «tuvo suerte» o «le dieron una oportunidad», pueden debilitar la autoconfianza. También las expectativas que se ponen sobre las hijas, tanto si se esperan niveles de perfección, como si se las compara con otros miembros de la familia o se espera que sigan determinado camino señalado por estereotipos de género, pueden despertar en ellas la sensación de no ser lo suficientemente buenas y marcar el comienzo de su sentimiento de impostoras.

Vamos a ver, con un poco más de detalle, cómo la familia puede influir en que las mujeres experimenten el síndrome de la impostora.

EL PAPEL DE LA MUJER EN LA FAMILIA

En la familia actual occidental, el papel de la mujer ha evolucionado de manera significativa, aunque aún puede estar influenciado por tradiciones y expectativas de género arraigadas. Actualmente, muchas mujeres desempeñan múltiples roles dentro de la familia, que incluyen sustento económico, cuidado, educación de los hijos y gestión del hogar. Esta gran variedad de funciones puede significar mayor poder y capacidad de decisión, pero también es posible que desemboque en una serie de conflictos, especialmente cuando se experimenta el síndrome de la impostora.

A medida que las mujeres acceden mayoritariamente al mercado laboral y alcanzan niveles educativos más altos, participan cada vez más en el mantenimiento económico de la familia, lo que ha supuesto un cambio significativo en la dinámica tradicional en la que los hombres eran vistos como los únicos sostenedores económicos del núcleo familiar. Tal participación de las mujeres en el campo profesional no ha supuesto, en muchas ocasiones, una disminución de la función doméstica, y sobre sus espaldas sigue recayendo el cuidado de los hijos o familiares enfermos, así como la gestión laboral. Es lo que se conoce como «la doble jornada», que se refiere a la combinación de responsabilidades laborales y domésticas.

El síndrome del impostor es común tanto en hombres como en mujeres, aunque estas últimas pueden experimentarlo de manera más intensa debido al papel que juegan dentro de la familia. A menudo se sienten con la presión de cumplir a la perfección sus **funciones en el trabajo y en el hogar** y lograr estándares de consecución prácticamente inalcanzables que las llevan a dudar de sus habilidades y logros. Incluso en familias más modernas, y equitativas en las funciones que desempeñan, los **roles de género tradicionales** pueden persistir de formas sutiles, y la presión por manejar eficazmente tanto las responsabilidades familiares como las laborales puede hacer que las mujeres sientan que no están funcionando completamente en ninguna de las áreas, alimentando sus sentimientos de insuficiencia y fraude.

El papel de la mujer en la familia ha evolucionado mucho en las últimas décadas, aunque las expectativas y presiones asociadas a su papel pueden contribuir al síndrome de la impostora. Reconocer esta realidad es fundamental para abordar la situación y no fijarse metas inalcanzables, buscar la perfección y sentirse culpable o dudar de la propia valía por no asumir una sobrecarga de trabajo.

EXPECTATIVAS SOBRE LAS HIJAS

La educación de las hijas y las expectativas que se ponen en ellas pueden tener también un impacto significativo en el desarrollo del síndrome de la impostora. Si se espera que las niñas cumplan con **estándares** extremadamente altos **de éxito** académico o profesional, pueden sentir una presión extrema para mostrar su valía y dudar acerca de sus capacidades para alcanzar las expectativas que les han impuesto. Si además no reciben **el reconocimiento o validación** por sus logros, es posible que comiencen a sentirse inseguras de sus capacidades y pensar que no se merecen el éxito alcanzado. La falta de modelos femeninos y la exigencia desmedida marcarán su desarrollo.

En el caso de que se **compare** a las hijas constantemente **con los demás** o con estándares de éxito poco realistas, pueden desarrollar una sensación de no estar a la altura, lo mismo que si se pone el **foco en la perfección** en vez de en el proceso de aprendizaje y crecimiento. Esto puede hacer que tengan miedo al fracaso y a defraudar, lo que alimenta el espíritu de la impostora.

Hay un factor más que afecta especialmente a las hijas, y es la posibilidad de que se **perpetúen los estereotipos de género** sobre las habilidades y capacidades de las mujeres. Si esto ocurre, van a internalizar la creencia de que no son tan capaces como los hombres en ciertos campos o áreas de estudio, y es posible que duden de sí mismas y de su posibilidad de tener éxito, incluso cuando tienen habilidades y talentos sobresalientes.

Educar a la hijas desde la infancia sin estereotipos de género es fundamental para que puedan crecer sin etiquetas que limiten sus capacidades y posibilidades de éxito y sin sentirse unas impostoras. Para lograrlo, es muy importante conseguir una educación igualitaria, y por eso tu papel es clave para:

- **Fomentar la diversidad de intereses y habilidades**. Anima a tus hijas e hijos a explorar una amplia gama de actividades, independiente de si tradicionalmente se han considerado «para niñas» o «para niños». Apóyales en sus intereses y talentos individuales, sin limitarlos por estereotipos que indiquen lo que pueden o no pueden hacer.

- **Cuestionar los estereotipos de género**. Habla abiertamente con tus hijas e hijos sobre los estereotipos de género y cómo pueden influir en las expectativas sociales y en las oportunidades. Anímalos a cuestionar y desafiar los estereotipos y a reconocer que las habilidades no están determinadas por el género.

- **Proporcionar modelos diversos a seguir**. Muestra modelos diversos a seguir que incluyan mujeres que tienen éxito en una variedad de campos y que, tanto ellas como ellos, vean que las mujeres pueden ser líderes, científicas, ingenieras, matemáticas, artistas, deportistas o cualquier otra cosa que se propongan.

- **Enseñar habilidades de pensamiento crítico**. Promueve en tus hijas e hijos el pensamiento crítico y la capacidad de análisis alentándoles a cuestionar las estructuras de poder y las desigualdades de género en la sociedad.

- **Fomentar la autoconfianza y la resiliencia**. Ayuda a tus hijas e hijos a desarrollar una sólida autoestima y confianza en sí mismos animándolos a enfrentar desafíos y superar obstáculos. Reconocer y celebrar sus logros, por pequeños que sean, los ayudará a crecer sintiéndose seguros de sus habilidades.

- **Evitar la sobreprotección**. Una sobreprotección excesiva de las hijas, creyéndolas más débiles, impide el desarrollo de la autonomía y toma de decisiones, lo que hará que crezcan sintiéndose menos capaces de manejar desafíos por sí mismas.

- **Crear un ambiente de apoyo y respeto**. El hogar es un espacio muy importante para fomentar el respeto mutuo y la igualdad de género. Es fundamental que aprendan a tratar a todas las personas con dignidad y valorándolas por igual independientemente de su género o procedencia. El cuidado del lenguaje es fundamental y hay que prestar especial atención y ser conscientes de las expresiones que se emplean en el entorno familiar, así como practicar con el ejemplo cotidiano.

Al educar a los hijos e hijas de esta manera, se les están brindando las herramientas adecuadas y la confianza necesaria para que desafíen los estereotipos de género, trabajen por un mundo más igualitario, reciban el impulso que les permita disfrutar de los éxitos sin temor y, sobre todo las hijas, se vean capaces de romper los techos de cristal que todavía existen para ellas sin sentirse unas intrusas.

TIPOS DE SÍNDROME DEL IMPOSTOR

La doctora
Valerie Young, especialista en el síndrome del impostor y seguidora de los trabajos de Pauline Clance y Suzanne Imes, examinó los comportamientos de las personas que lo experimentan y, según los perfiles observados, los dividió en cinco categorías: **perfeccionista**, **experta**, **individualista**, **genio** y **superhéroe** o **superheroína**. Esta clasificación la publicó en su libro titulado *The Secret Thoughts of Successful Women And Men: Why Capable People Suffer from Impostor Syndrome and How to Thrive in Spite of it* (*Los pensamientos secretos de las mujeres exitosas: por qué las personas capaces sufren el síndrome del impostor y cómo prosperar a pesar de él*). Tal y como aclara en su introducción, tanto hombres como mujeres pueden vivir experiencias de sentirse impostores, aunque las causas que originan estos sentimientos pueden variar en algunos casos, como ya vimos en capítulos anteriores.

Los límites entre estas cinco categorías no son rígidos. Identificarse más con uno de los perfiles no significa que no se tengan también comportamientos presentes en otros. Vamos a analizar con detalle cada uno de ellos para que, si tienes el síndrome del impostor, descubras cuál refleja mejor tu sentimiento.

EL PERFECCIONISTA

Es el perfil más frecuente entre las personas que experimentan este síndrome. El perfeccionista se siente permanentemente insatisfecho con el resultado del trabajo que realiza, porque se impone metas excesivamente altas que son difíciles de alcanzar, y ello le genera frustración. Cualquier fallo, por pequeño que sea, se convierte en una sensación de fracaso. Duda permanentemente de sí mismo y, si logra acabar con éxito un proyecto, en seguida empieza a temer que no va a ser ca-

paz de volver a lograr un triunfo similar. Este comportamiento lleva, en muchas ocasiones, a altos niveles de estrés y, frecuentemente, a episodios de ansiedad.

El perfeccionista pone su atención en la forma en la que hace cualquier cosa. Por eso, según su visión, los errores son imperdonables y una vergüenza que le pone en evidencia ante los demás. Para los que se sienten impostores, el perfeccionismo lleva a un círculo vicioso: como atribuyen cada éxito a su esfuerzo extra, no a su capacidad, esto les genera una falta de confianza en ellos mismos, así que, ante un nuevo desafío, tendrán que esforzarse cada vez más y hacerlo mejor, «más perfecto», para poder repetir el éxito y que no los descubran. El agotamiento que conlleva esta forma de proceder puede poner en peligro, paradójicamente, la obtención de ese éxito tan deseado y tener consecuencias como el *burnout* laboral, o síndrome de desgaste profesional.

CÓMO RECONOCER UN PERFIL PERFECCIONISTA

El deseo de hacer las cosas bien y de triunfar con lo que se hace es algo natural, un impulso para seguir adelante, esforzarse y afrontar los diferentes desafíos que se presentan en la vida. La dificultad comienza cuando los objetivos y exigencias que la persona se impone están fuera de su alcance y son excesivos, lo que lleva a un malestar emocional que provoca frustración, estrés, ansiedad y agotamiento.

Estas altas exigencias pueden aparecer en tres niveles: en el primero están las que cada uno se impone; en el segundo se encuentran las que afectan a la relación con los demás, cuando se somete a las personas del entorno a estándares demasiado altos; y en un tercer nivel aparecen las que impone la sociedad, cuando presiona con unas expectativas de éxito poco realistas.

Los perfiles perfeccionistas en personas con el síndrome del impostor presentan esta serie de **características** comunes:

- Suelen pasar un tiempo excesivo revisando los detalles de cada tarea. No es suficiente cumplir con el objetivo del trabajo; este debe ser impecable.

- Vinculan su valor personal al resultado de sus actividades, por eso se exigen no fallar.

- Su autoestima depende de la valoración que los demás hagan de su trabajo. Si no les dicen nada, se sienten frustrados. Si les felicitan, consideran que el éxito se ha debido a su esfuerzo extra.

- No les basta con ser buenos, han de ser los mejores. Necesitan destacar para sentirse bien.

- Se critican duramente si cometen un error. Los errores son para ellos una señal de fracaso.

- En su valoración pesan más los errores que los logros obtenidos.

- Antes de aceptar un trabajo tienen que valorar si van a poder desarrollarlo a la perfección, lo que puede llevarles, en ocasiones, a rechazar propuestas muy interesantes porque tienen un miedo injustificado a fracasar.

- No son capaces de delegar tareas, ni siquiera aquellas en las que su aportación no es esencial.

- El miedo al fracaso puede llevarles a la procrastinación.

TEST. ¿TIENES UN PERFIL PERFECCIONISTA?

Lee las siguientes afirmaciones y señala la respuesta con la que te sientas más identificado. La primera opción que aparezca en tu mente es la adecuada, no trates de razonar.

1. **Cuando realizo una tarea tengo que revisar cada detalle, por pequeño que sea.**

   a. Nunca.   b. A veces.

   c. Frecuentemente.   d. Siempre.

2. **Me siento frustrado si cometo un error, aunque el resultado final haya sido bueno.**

   a. Nunca.   b. A veces.

   c. Frecuentemente.   d. Siempre.

3. **Cuando al inicio me planteo el desarrollo de un proyecto, me cuesta delegar, incluso en tareas en las que no es fundamental mi participación.**

   a. Nunca.   b. A veces.

   c. Frecuentemente.   d. Siempre.

4. **Dedico a las tareas más tiempo del necesario para asegurarme de que no cometeré un error.**

   a. Nunca.   b. A veces.

   c. Frecuentemente.   d. Siempre.

5. **Antes de embarcarme en un proyecto, tengo que estar seguro de que estoy totalmente preparado para no fallar en nada.**

   a. Nunca.   b. A veces.

   c. Frecuentemente.   d. Siempre.

Una vez que completes el test, suma los puntos obtenidos aplicando los siguientes valores a cada respuesta: **a** (un punto), **b** (dos puntos), **c** (tres puntos), **d** (cuatro puntos).

Puntuación:

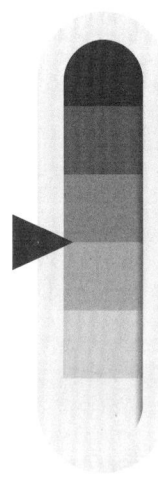

- **10 o menos**. No tienes un perfil perfeccionista.

- **Entre 11 y 14**. Te gustan las cosas bien hechas. Procura no perder de vista el objetivo principal de cada tarea y no te obsesiones con los pequeños detalles.

- **Superior a 14**. Tu perfeccionismo se puede convertir en una carga excesiva para ti y causarte agotamiento y frustración. Si aprendes a ser un poco más flexible, te sentirás mejor.

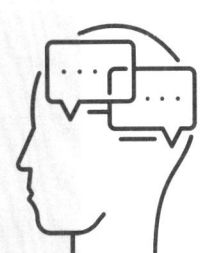

Daniel tiene 36 años, es abogado y proviene de una familia de abogados de reconocido prestigio. Desde muy pequeño ha escuchado lo orgullosos que sus padres se sentían de él cada vez que llegaba a casa con un buen resultado en algo. A pesar de ser una persona inteligente y con capacidades más que demostradas, tiene miedo de que su familia descubra que no es tan brillante como ellos creen y que le dejen de querer, por eso siempre se ha esforzado en ser el mejor en todo lo que se propone para sentirse a la altura de sus progenitores. Ha decidido continuar con la tradición familiar y hacerse abogado. No tolera los errores; para él son imperdonables porque los vive como auténticos fracasos, lo que afecta a su autoestima. Daniel es un perfeccionista que dedica todas las horas que puede a su trabajo en el despacho, y nunca se siente satisfecho con los resultados. Esto hace que viva estresado y convencido de que tiene que mejorar de manera permanente. Ante cada nueva tarea, tiene miedo de no repetir el éxito anterior, de decepcionar a sus seres queridos y de perder su cariño.

El caso de Daniel es muy representativo de personas que se sienten impostoras y se ajustan a un perfil perfeccionista. El valor personal lo sitúan en el éxito de los resultados, no en sus capacidades, y dependen excesivamente de la opinión de los demás. Esto hace que duden constantemente de sí mismos, temiendo cualquier fallo.

EL PERFECCIONISMO FEMENINO

En las mujeres, el perfeccionismo viene casi siempre marcado desde la educación recibida en la infancia. Es habitual que, tanto en la escuela como en casa, se valore a las niñas que son listas, discretas, educadas, que respetan las reglas establecidas y que por los buenos resultados obtenidos y por su saber estar «perfecto» reciban alabanzas. Sin embargo, los comportamientos que conllevan riesgos y las alejan de los espacios de confort se clasifican como temerarios y, generalmente, como malas decisiones. Al crecer bajo este tipo de juicio, no es difícil que sientan que, para ser queridas, deben ejecutar las tareas con la mayor perfección posible, pues es en esas ocasiones cuando sienten que son más valoradas y queridas.

Al llegar a la edad adulta, esta creencia que han desarrollado desde la infancia es muy difícil de superar y, en ocasiones, puede convertirse en una obsesión que las obliga a «ser perfectas en todo»: en la vida académica, profesional y personal. Todo lo que falla, en cualquier campo, se convierte en un fracaso imperdonable y hace que duden de sus capacidades. Para sentirse bien necesitan que su nivel de entrega sea máximo en todos los aspectos de su vida.

Las mujeres que viven con el síndrome del impostor, a pesar de ser exitosas, temen aventurarse en nuevas experiencias por el miedo a fracasar si no alcanzan la perfección y que se las juzgue por ello. Dependen en exceso de la opinión que los demás tengan de ellas y se mueven por principios bastante rígidos que no admiten matices: si hay un error, se ha fracasado. Muchas muestran altos grados de agotamiento, estrés y ansiedad, acompañados, a veces, de sentimientos de frustración y culpabilidad si no logran cumplir con las altas exigencias autoimpuestas de perfección, lo que aumenta su sentimiento de ser impostoras.

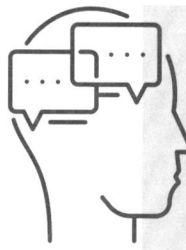

Patricia tiene 38 años y pertenece al comité de dirección de su empresa. Su expediente académico es magnífico y su carrera profesional cuenta ya con varios éxitos reconocidos. Sin embargo, ella quita mérito a sus logros y no es capaz de valorar sus aptitudes. Hace un año que logró su última promoción, que la ha situado en el nivel directivo. En ese comité es la única mujer, y uno de los miembros más capacitados. Después de experimentar una gran alegría por su ascenso, empezó a sentir que tenía que demostrar en todo momento que era una digna candidata a ese puesto, que no se habían equivocado al darle esa oportunidad. Cree que, si cometiera un error, se darían cuenta de que realmente no es tan valiosa como esperan, por eso trabaja incansablemente y revisa todo una y otra vez antes de presentar cualquier propuesta o hacer una presentación ante sus compañeros. Cada vez que la felicitan, su creencia de que todo se debe a que trabaja más que los demás se ha afianzado, y ha entrado en un círculo vicioso que la exige aumentar más y más las horas que dedica a cada tarea que se propone. Tiene mucho miedo a fallar.

El perfil perfeccionista de Patricia está muy extendido entre las mujeres. El sentido de la perfección lo tienen muy vinculado a la aceptación y a sentirse queridas. Si acceden además a posiciones o trabajos tradicionalmente no desempeñados por mujeres, temen que lo que han conseguido con tanto esfuerzo se pierda si cometen un error. Este temor hace que exhiban comportamientos muy rígidos, que no se permitan bajar la guardia en ningún momento y vivan con un estrés elevado.

PRÁCTICA.
PERDER EL MIEDO A EQUIVOCARSE

Si tienes un perfil perfeccionista, un aspecto que debes trabajar es la tolerancia a los errores, a asumirlos y aceptarlos como parte de un aprendizaje. Cometer un error no es sinónimo de fracaso. La mejor manera de vencer un miedo es exponerse una y otra vez.

1. **Lleva un diario de tus errores y de tus éxitos**

   ■ Si cometes un error, apúntalo en ese momento describiendo brevemente en qué ha consistido y también cuándo y dónde ha tenido lugar.

   ■ Haz lo mismo con las situaciones de éxito. Descríbelas y señala cuándo y dónde sucedieron.

   ■ Repasa posteriormente lo que has escrito y reflexiona acerca de los errores y de lo que no funcionó. ¿Qué harías ahora de otro modo? ¿Encuentras algún patrón de comportamiento en los casos anotados?

   ■ Comprueba los logros que aparecen en la lista. ¿En qué has notado que progresas? Dedícate un tiempo a celebrar tus éxitos, no dejes pasar la oportunidad.

2. **Practica la mente flexible**

   ■ Considera tus errores como oportunidades de aprendizaje. Si ves los errores solo como algo malo que hay que eliminar, estás perdiendo una oportunidad de aprender y crecer. Revisa los fallos que has cometido y hazte las siguientes preguntas:

      ○ ¿Por qué ha sucedido?

      ○ ¿Qué puedo hacer para que esto no vuelva a pasar?

      ○ ¿Qué he aprendido de este error?

   Utiliza la experiencia para aprender y corregir.

   ■ Reflexiona acerca de tus fortalezas y piensa en cómo te han ayudado en ocasiones anteriores a evitar equivocaciones. Sé consciente de tus capacidades y confía en ellas.

   ■ Plantéate objetivos realistas. Sé flexible con las expectativas y date permiso para equivocarte. Es el modo de alcanzar la excelencia, con la práctica.

3. Toma cada decisión como un experimento

- Si la toma de decisiones te paraliza porque tienes miedo a equivocarte, plantéatelo como un experimento, una oportunidad de probar cosas distintas y aprender más acerca de algo.

- No te juzgues por los errores. Forman parte de cualquier experimento.

4. Enfócate en mejorar, no en «ser perfecto»

Cada vez que tengas por delante de ti una nueva oportunidad que te da miedo asumir por el temor al fracaso, no lo dudes, acéptala y plántale cara a tu miedo. Solo practicando una y otra vez lograrás vencerlo. En cada tarea:

- Busca tu progreso, no los objetivos poco realistas de la perfección.

- Pide ayuda y delega aquellas tareas que no sepas hacer bien.

- Focalízate en lo que vas a aprender y aparta de tu mente los pensamientos acerca de los errores que puedes cometer.

- Aunque seas bueno en algo, evita pensar que eres inmune a los errores. Te ayudará a aceptarlos cuando sucedan.

- Perdónate si cometes errores. Tus capacidades siguen siendo las mismas, igual que tu valor.

EL EXPERTO

Los expertos temen recibir elogios por lo que hacen y piensan siempre que les falta formación, que no saben lo suficiente, aunque los demás les consideran suficientemente capacitados para la tarea que deben desempeñar. Viven con el miedo de que alguien se dé cuenta de que no dominan la materia tanto como la mayoría cree. Constantemente están realizando cursos para lograr nuevas certificaciones académicas y, a menudo, consideran que no tienen los conocimientos necesarios para llevar adelante un trabajo con éxito.

Del mismo modo que los perfeccionistas necesitan que todo se realice sin cometer ningún tipo de error, los expertos precisan controlar al máximo los conocimientos requeridos para sentirse seguros y competentes. Antes de comenzar una tarea, les gusta tener una visión de conjunto para comprobar que dominan los temas que se van a tratar y evitar así que los descubran en un renuncio. Son los *eternos estudiantes*, siempre hay algo que necesitan aprender antes de aceptar un trabajo.

CÓMO RECONOCER UN PERFIL DE EXPERTO

Los expertos necesitan controlar, tener el máximo conocimiento para sentirse seguros. Las personas que tienen el síndrome del impostor con este perfil tienen miedo a sentirse en el punto de mira si no dominan alguno de los temas que se van a tratar. Se sienten vulnerables y, aunque tengan una experiencia demostrada en algo, creen que alguien va a descubrir que son unos impostores y que no saben tanto como se espera de ellos.

Los perfiles de experto en personas con el síndrome del impostor presentan esta serie de **características** comunes:

- Suelen pasar un tiempo excesivo realizando cursos, recibiendo formación y sienten la necesidad de añadir constantemente a su currículo títulos y certificaciones.

- Vinculan su valor personal al conocimiento, por eso temen que alguien descubra que no saben tanto como creen.

- Temen aceptar nuevos retos para los que no sientan que tienen los conocimientos suficientes, y esto les roba oportunidades, pues es difícil saber de todo.

- No les basta con saber de un tema, necesitan dominarlo.

- Se sienten inseguros al empezar con un trabajo que no conocen.

- En su valoración pesan más las cosas que no saben que el bagaje que presentan.

- Antes de aceptar un trabajo, tienen que tener una visión global del mismo para saber que sus conocimientos son buenos.

- Los elogios les incomodan y no les gusta sentirse el centro de atención.

Pablo tiene 40 años y una carrera profesional de éxito. Lleva más de ocho años trabajando para la misma empresa y tiene ganas de empezar un nuevo proyecto por su cuenta: quiere poner en marcha su propio negocio. Las personas de su entorno lo animan porque están seguros de que le va a ir bien y ahora tiene

[...]

la oportunidad de ponerlo en funcionamiento. Pablo se ilusiona al principio, pero pronto comienza a tener dudas y se pregunta si tiene los suficientes conocimientos para llevar esa idea adelante. Lo primero que hace es analizar todos los aspectos que debe controlar para que su idea sea una realidad, y no se siente seguro de sus conocimientos. Se apunta a un curso que lo oriente sobre aspectos fiscales; luego realiza otro sobre técnicas de marketing online y así va retrasando la puesta en marcha de su negocio. Cuanto más estudia, el bloqueo es mayor: ¿Y si nada funciona? ¿Por qué los demás creen que está capacitado para ello?

Igual que Pablo, las personas que experimentan el síndrome del impostor, aunque estén suficientemente capacitadas para realizar con éxito la tarea que tienen por delante, dudan de ellas mismas, se sienten inseguras y están convencidas de que los demás piensan que sus conocimientos son mayores. Ante un nuevo reto aumenta su preocupación, se ponen nerviosas y procuran ocultar su secreto de sentirse impostoras.

TEST. ¿TIENES PERFIL DE EXPERTO?

Lee las siguientes afirmaciones y señala la respuesta con la que te sientas más identificado. La primera opción que aparezca en tu mente es la adecuada, no trates de razonar.

1. **Antes de solicitar un puesto de trabajo, necesito estar seguro de ser competente en todos los requisitos que se piden.**

   a. Nunca.   b. A veces.

   c. Frecuentemente.   d. Siempre.

2. **Realizo constantemente cursos para asegurarme de que mis conocimientos son realmente buenos.**

   a. Nunca.   b. A veces.

   c. Frecuentemente.   d. Siempre.

3. **Cuando me proponen un trabajo, necesito que me faciliten toda la información posible del mismo para saber si domino todos los temas.**

   a. Nunca.

   b. A veces.

   c. Frecuentemente.

   d. Siempre.

4. **Tengo la sensación de que no sé tanto como los demás creen.**

   a. Nunca.

   b. A veces.

   c. Frecuentemente.

   d. Siempre.

5. **Cuando asumo un nuevo reto, dedico todo el tiempo que puedo para estudiar y dominar los temas en los que mis conocimientos son inferiores.**

   a. Nunca.

   b. A veces.

   c. Frecuentemente.

   d. Siempre.

Una vez que completes el test, suma los puntos obtenidos aplicando los siguientes valores a cada respuesta: **a** (un punto), **b** (dos puntos), **c** (tres puntos), **d** (cuatro puntos).

PUNTUACIÓN:

- **10 o menos**. No tienes un perfil de experto.

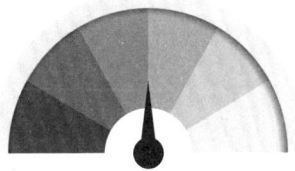

- **Entre 11 y 14**. Valoras tener la formación suficiente. Recuerda que la práctica es la mejor escuela de aprendizaje.

- **Superior a 14**. Tu necesidad de aprender y sentirte experto en la materia antes de empezar cualquier tarea puede causarte un bloqueo y hacer que pierdas oportunidades interesantes. Posiblemente, la solución a tu inseguridad no la encuentres haciendo más cursos.

LA EXPERTA

Hay mujeres que no se sienten seguras de la experiencia y conocimientos que poseen. Tienden a poner el foco en aquello que no conocen y no dan valor a su bagaje y sus logros obtenidos. Temen destacar y, si lo hacen, sienten de todos modos que no están suficientemente preparadas. Posiblemente no les ayude a autoevaluarse haber recibido una educación en la que se premia su discreción y en la que muchos referentes de éxito y de brillantez sean perfiles masculinos.

Ya desde la escuela se observa que, ante un nuevo reto, la mayoría de los chicos no tienen mayor problema en aceptarlo y ver después qué sucede. Si necesitan aprender algo más adelante, ya lo harán. Suelen tender a sobrestimar sus capacidades y su rendimiento. Sin embargo, muchas chicas perfectamente capacitadas para la tarea, rechazan el desafío si no consideran que tienen los conocimientos suficientes para realizarlo. Necesitan primero sentirse preparadas y les cuesta aceptar que algunas competencias se obtendrán con la práctica, que eso forma parte del aprendizaje. El miedo a fracasar pesa más sobre ellas. Este comportamiento se mantiene en la edad adulta y es muy característico de las mujeres que experimentan el síndrome del impostor y, como consecuencia, rechazan trabajos o ascensos.

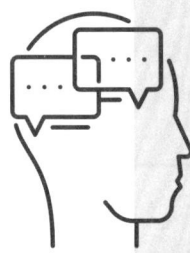

Beatriz tiene 32 años. Trabaja en la universidad y es una experta reconocida en comportamiento animal. Le acaban de ofrecer la oportunidad de dirigir un estudio con primates en una universidad alemana; basta con saber comunicarse en inglés, no es necesario que sepa alemán. Es la oportunidad que estaba esperando y, sin embargo, las inseguridades de Beatriz empiezan a ganar fuerza. Es posible que esperen más de ella, y se pregunta qué pasaría si no sabe lo suficiente. Además, está el tema del idioma. No sabe alemán y no considera que tenga un nivel de inglés suficiente. Decide empezar a practicar más con el idioma mientras toma la decisión, pero ante el temor de que descubran que no es la candidata que esperan, busca una excusa para no aceptar la propuesta. Su síndrome le acaba de hacer perder otra oportunidad.

Puede que hayas pasado por una experiencia similar a la de Beatriz y te identifiques con la situación. Debes perder el miedo ante los retos e interiorizar que el aprendizaje es constante, para no limitar tu crecimiento.

PRÁCTICA.
ACEPTAR EL PROCESO DE APRENDIZAJE
COMO UN VALOR AÑADIDO

Puede que tus inseguridades y la necesidad que tienes de dominar los conocimientos antes de lanzarte a un desafío te hayan llevado a rechazar propuestas para las que otros consideraban que eras el candidato perfecto. Si esto es así, tienes una oportunidad de mejora importante en tu comportamiento, de superar el miedo que te causan tus propios pensamientos y dejar que tu aprendizaje crezca con cada nuevo reto que asumas.

1. **Analiza tu comportamiento**

   ▪ Haz una lista de las situaciones en la que te han propuesto algo nuevo que te gustaría haber aceptado y que, sin embargo, has rechazado por miedo a no tener los conocimientos suficientes: un ascenso, un nuevo trabajo, dar una conferencia, escribir un libro, hacer una presentación, presentarte a una competición...

   ▪ Escribe, junto a las situaciones que suponían un desafío para ti, cuáles han sido los pensamientos que han pasado por tu mente.

   ▪ Escribe los motivos con los que te convenciste para no seguir adelante.

   ▪ Reflexiona acerca de esos motivos. ¿Estaban respaldados por hechos comprobados o fueron excusas que te evitaron ponerte a prueba?

2. **Repasa tu currículo y experiencia**

   ▪ Haz una lista con los logros que has conseguido en diferentes momentos de tu vida.

   ▪ Escribe ahora cuáles son tus principales capacidades que te han ayudado a conseguir esos logros.

   ▪ Reflexiona acerca de tus fortalezas y piensa en cómo te han ayudado en ocasiones anteriores a triunfar.

3. **Piensa en los beneficios de la nueva propuesta**

   ▪ Escribe en tu cuaderno los aspectos que más te atraían de la propuesta que tenías delante de ti.

- Visualízate aceptando la propuesta y disfrutando de esos beneficios que iban asociados al reto.
- Responde a las siguientes preguntas:
  - ¿Qué sientes ante este escenario?
  - ¿Cuáles son tus pensamientos?

4. **Descubre dónde se incrementa tu aprendizaje**

- Haz una lista de los principales aprendizajes que has tenido en los últimos desafíos que has aceptado.
- Reflexiona acerca de lo que hubieras aprendido al aceptar este nuevo reto.
- ¿Consideras que estos aprendizajes prácticos los tendrías igualmente haciendo un curso?
- Valora el aprendizaje continuo que se logra en cada nueva oportunidad que se te presenta.

5. **Enfréntate a tus miedos**

- La próxima vez que te hagan una propuesta que suponga un desafío, acéptala.
- Repasa el listado que has escrito de las capacidades que posees y que te han ayudado a llegar hasta aquí.
- Lee en alto tus fortalezas, varias veces si es necesario.
- Repítete en voz alta: «Tengo los conocimientos adecuados y mi aprendizaje va a mejorar con la práctica».

6. **Enfócate en disfrutar del aprendizaje continuo que te dan las experiencias**

- En cada reto, busca tu progreso, no te centres en lo que te falta.
- Pide ayuda siempre que la necesites. Eso no te quitará valor.
- Focalízate en lo que vas a aprender con la práctica y que no lograrías por más cursos que hicieras.
- Aunque seas bueno en algo, evita pensar que tienes que saber de todo. El más experto sigue aprendiendo cada día.
- Tu capacidad de aprender es la que importa, más que tus propios conocimientos previos.

EL INDIVIDUALISTA

Los perfiles individualistas necesitan hacerlo todo por su cuenta, sin pedir ayuda de nadie. Creen que solicitar un refuerzo sería admitir que no son capaces de hacerlo por ellos mismos y, además, facilitaría que alguien se diera cuenta de que no son lo suficientemente válidos. Si necesitan ayuda, se consideran que están siendo peores en su trabajo, y esto sería un motivo de debilidad y vergüenza.

Las personas que sufren el síndrome del impostor y tienen un perfil individualista eligen moverse en solitario. Es el mejor modo de mantener en secreto su sentimiento de impostura y evitar que sus competencias y capacidades reales sean conocidas. Reciben mal los comentarios o sugerencias de otros para mejorar algo porque los interpretan como señal de su ineptitud.

CÓMO RECONOCER UN PERFIL INDIVIDUALISTA

A muchas personas les cuesta pedir ayuda. Existe la creencia social de que un adulto debe solucionar sus problemas por su cuenta, ya que, de no hacerlo así, parecería que no es lo suficientemente competente. Las personas que han sido educadas para mantenerse fuertes ante las adversidades, o las que han crecido con altos niveles de autoexigencia, tampoco son muy proclives a solicitar ayuda.

La baja autoestima o la falta de confianza que tienen en sí mismas las personas que experimentan el fenómeno de la impostura provocan que tengan miedo a que este gesto se tome como una muestra de su debilidad, o a que deje en evidencia lagunas en sus competencias. Por eso no es fácil que pidan ayuda, porque supone poner el foco en que tienen un problema y que no son capaces de resolver algo por sí mismas. Normalmente prefieren trabajar por su cuenta, ser independientes y tratan de resolver las cosas sin que se perciba que han tenido dificultades.

Tras el escudo de la individualidad se esconde la propia inseguridad de las personas que sienten el síndrome del impostor. Se esquiva al grupo porque el análisis y la vigilancia de sus actos por parte del equipo aumentaría su estrés al sentirse juzgados y, como consecuencia, sufrirían más insatisfacción.

Los perfiles individualistas en personas con el síndrome del impostor presentan esta serie de **características** comunes:

- Suelen realizar las tareas en solitario.

- Prefieren encargarse solos de todas las fases del proceso: sin la ayuda ni participación del resto del equipo.

- Vinculan su valor personal a no necesitar ayuda de nadie. Desarrollan el trabajo en solitario.

- Pedir ayuda supone para ellos admitir que no son capaces de asumir su tarea, lo que les pone en evidencia.

- Su competencia depende de saber hacer todo por ellos mismos.

- Temen tener que trabajar en grupo, porque esto les expone a los comentarios de los demás y les impide tomar sus propias decisiones.

- Los comentarios y sugerencias de otros sobre su trabajo les hace sentir menos competentes y aumentan su inseguridad.

- En su interior temen no ser merecedores de la oportunidad que están teniendo.

- No entienden el éxito como algo grupal.

- Tienden a presentar su proyecto totalmente acabado para que ningún otro miembro pueda participar en él.

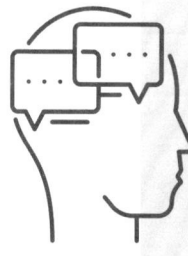

Jorge tiene 44 años y es el responsable del departamento informático de una empresa. Es realmente bueno en su trabajo, aunque cree que eso solo lo piensan los demás porque no saben mucho acerca de lo que él hace. Le gusta trabajar solo y, cuando surge un problema, le dedica muchas horas a resolverlo por su cuenta. No le gusta pedir ayuda. Si lo hiciera, cree que mostraría su debilidad ante los demás y se darían cuenta de que no es tan bueno como piensan. A veces se siente un impostor y tiene miedo de que, antes o después, lo sustituyan por alguien más competente.

Puede que te hayas sentido un poco identificado con el caso de Jorge. Si quieres comprobar si este es tu perfil, realiza el siguiente test.

TEST. ¿TIENES UN PERFIL INDIVIDUALISTA?

Lee las siguientes afirmaciones y señala la respuesta con la que te sientas más identificado. La primera opción que aparezca en tu mente es la adecuada, no trates de razonar.

1. **Cuando me asignan una tarea, prefiero que me dejen a cargo de ella de principio a fin.**

   a. Nunca.   b. A veces.

   c. Frecuentemente.   d. Siempre.

2. **Cuando trabajo en grupo, me siento cuestionado si los demás hacen algún comentario que suponga modificar mi trabajo.**

   a. Nunca.   b. A veces.

   c. Frecuentemente.   d. Siempre.

3. **Antes que pedir ayuda, prefiero buscar la información por mi cuenta para resolver el problema.**

   a. Nunca.   b. A veces.

   c. Frecuentemente.   d. Siempre.

4. **Si no puedo resolver algo, y tengo que pedir ayuda, siento que no soy lo suficientemente competente.**

   a. Nunca.   b. A veces.

   c. Frecuentemente.   d. Siempre.

5. **Al trabajar en grupo, temo que los demás se den cuenta de que no soy tan competente como creen.**

   a. Nunca.   b. A veces.

   c. Frecuentemente.   d. Siempre.

Una vez que completes el test, suma los puntos obtenidos aplicando los siguientes valores a cada respuesta: **a** (un punto), **b** (dos puntos), **c** (tres puntos), **d** (cuatro puntos).

Puntuación:

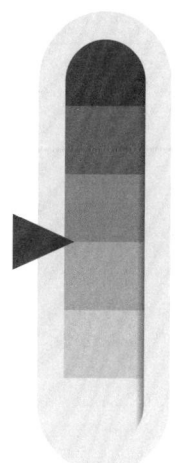

- **10 o menos**. No tienes un perfil individualista.

- **Entre 11 y 14**. Tienes tendencia a resolver las cosas por tu cuenta. Procura que esto no te impida pedir ayuda cuando la necesites.

- **Superior a 14**. Te gusta hacer todo en solitario y tu excesivo individualismo la mayoría de las veces te impide solicitar ayuda. Si aprendes a pedirla, descubrirás que eso no te va a hacer menos competente.

¿Has descubierto ya si te sientes, o te has sentido, identificado con un perfil individualista? En caso afirmativo, recuerda que no eres el único y que no se trata de ningún problema grave. Muchas personas reconocen que se han sentido así y posiblemente lo que implica es que cualquier actividad les resulta mucho más desafiante que para el resto, pero este escollo es subsanable y se puede gestionar una vez esté identificado.

Vamos a profundizar un poco más en este perfil para reconocer mejor los desencadenantes que lo provoca.

LA INDIVIDUALISTA O INDEPENDIENTE

Ya hemos visto que la educación y las creencias con las que crecemos influyen mucho en el comportamiento que tenemos como adultos. Es normal enseñar a los pequeños a que aprendan a resolver las cosas por su cuenta para que sean más fuertes y puedan manejarse por la vida sin depender de otros. La dificultad surge cuando no se complementa esta enseñanza con la importancia de saber pedir ayuda cuando se necesita, entendiendo que esto no supone una merma de valor, sino una habilidad que también hay que tener y desarrollar.

En el caso de las mujeres, el peso de tener que demostrar constantemente que pueden valerse por ellas mismas les lleva a una autoexigencia mucho mayor. Creen que para ser competentes deben hacerlo todo solas, de principio a fin, dado que tienen la creencia de que cada vez que tengan que pedir ayuda mostrarán que no son lo suficientemente válidas. En un mundo competitivo, y donde las mujeres tienen que seguir demostrando que son tan válidas como los hombres para muchos trabajos de los que tradicionalmente han estado excluidas, esta presión social de mostrarse independientes es mucho mayor, y pedir ayuda es algo a lo que las mujeres con el síndrome del impostor renuncian en la mayoría de las ocasiones.

A Laura la educaron desde muy pequeña para resolver las cosas por su cuenta. Tenía que ser fuerte y no depender de los demás. Esto hizo que se acostumbrara a no pedir ayuda a nadie, porque este gesto supondría un signo de debilidad y su padres no se sentirían orgullosos de ella. Al llegar a la edad adulta, este sentimiento de tener que ser independiente para que la valoraran creció. Dirigía con éxito el departamento logístico de una empresa de transportes. Vivía cada día con mucha tensión y estrés. Ni en los momentos más complicados se daba un respiro y se permitía pedir la ayuda de alguien: su miedo a ser juzgada por los compañeros y que no la consideraran competente para su trabajo pesaba mucho en ella. En vez de ser consciente de las excelentes capacidades que tenía y poner el valor en ello, consideraba, erróneamente, que el no pedir ayuda era lo que la hacía valiosa. Su individualismo era el mejor escudo contra su propio pensamiento e inseguridad.

El sentimiento de Laura está muy extendido entre las mujeres. La necesidad de sentirse independientes y de demostrarse a sí mismas, y a los demás, que pueden valerse por sí mismas, sin la ayuda de nadie, es muy grande. Este comportamiento va unido a una autoexigencia elevada, lo que no les permite relajarse muy a menudo. Aprender a pedir ayuda, sin sentirse menos capaces por ello, supone un gran reto.

La soledad del poder entre las directivas no favorece el perfil de la denominada individualista o independiente, sino que acrecienta ese aspecto resolutivo sin contar con el apoyo de los demás en caso de necesidad.

PRÁCTICA.
APRENDER A PEDIR AYUDA

Si tienes un perfil individualista, te puede venir bien enfrentarte a uno de tus temores: pedir ayuda. Aprende a solicitarla cuando realmente la necesites y, poco a poco, irás comprobando que eso no supone una merma a tu valor. Verás también cómo tus índices de estrés disminuyen cuando sientas que te puedes apoyar en otros. Al principio no te resultará fácil si no tienes costumbre, aunque la habilidad se logra con la práctica.

1. Analiza tu comportamiento

- Anota en un cuaderno situaciones en la que te hayas encontrado con problemas difíciles de resolver por tu cuenta.

- Apunta también qué recursos utilizaste para salir adelante.

- ¿Te planteaste en algún momento pedir ayuda?

- ¿Crees que, si te hubieran ayudado, habrías resuelto antes la situación? En caso afirmativo, ¿qué te impidió hacerlo?

- ¿Encuentras algún patrón de comportamiento en los casos anotados?

2. Examina tus creencias

Reflexiona acerca de la importancia que tiene para ti el hecho de solicitar ayuda. Para ello, hazte estas preguntas:

- ¿Qué significado tiene para ti pedir ayuda?

- ¿Cuáles creen que serían las consecuencias de hacerlo?

- ¿Qué hechos te demuestran que esto es así?

- ¿Qué hechos te demuestran lo contrario?

- ¿Para qué te sirve esta creencia? ¿Qué te aporta y en qué te limita?

- ¿Qué beneficios obtendrías en caso de no tener esta creencia?

- ¿Cómo te sentirías sin esa creencia?

- ¿Qué le dirías a otra persona que se encontrara en tu misma situación de necesitar ayuda y no pedirla?

3. Valora el problema y busca a alguien que te ayude

La próxima vez que te encuentres ante una situación complicada que te cueste resolver:

- Analiza dónde está la dificultad principal.

- Reflexiona si las herramientas y recursos de los que dispones en ese momento son suficientes para resolver solo la situación.

- Piensa en alternativas que requieran pedir ayuda a alguien.

- Busca una persona de confianza que sepas que no te va a juzgar por solicitar su ayuda.

- ¿En qué te ha beneficiado su colaboración? ¿Qué has aprendido?

4. Tómatelo como un juego y practica

Necesitas salir de tu zona de confort, de la idea de «yo lo puedo hacer todo solo y no necesito ayuda». Para que te resulte más fácil adquirir este hábito, y perder el miedo a que te juzguen, empieza por pequeñas cosas del día a día y comienza a practicar:

- Durante las próximas dos semanas, elige cada día una actividad para la que solicitarás ayuda. Selecciona pequeñas acciones cotidianas para hacerlo. Apunta al final del día qué actividad has escogido y cómo te has sentido después de que te ayudaran.

- Pasadas esas dos semanas, prueba con alguna actividad relacionada con tu actividad profesional. Pide ayuda y delega aquellas tareas que no sepas hacer bien.

- Focalízate en lo que vas a aprender de otros miembros del grupo y aparta de tu mente los pensamientos que te hacen dudar de tu capacidad.

- Aunque seas bueno trabajando solo, fíjate en los progresos que has obtenido con la ayuda del grupo. Anótalos en tu cuaderno y repasa la lista cada vez que te encuentres ante una dificultad y no quieras pedir ayuda.

- Acepta tu vulnerabilidad. Tus capacidades no van a disminuir por eso, y tampoco tu valor.

- Contempla el hecho de pedir ayuda como un acto de valentía, otro reto que te ayudará a progresar y ser más fuerte y competente.

EL GENIO

En esta categoría se encuentran los que consideran que el éxito es fruto de la capacidad innata. Su preocupación no es solo obtener el éxito, sino que este se consiga de una manera rápida y sin mucho esfuerzo; de lo contrario, sienten que no están lo suficientemente capacitados para seguir adelante con la tarea. Piensan que, si es necesario realizar un esfuerzo extra y recibir más formación para seguir destacando, es porque no son valiosos, y esto les causa frustración.

Las personas que sufren el síndrome del impostor y tienen un perfil de genio están convencidas de que el éxito es una consecuencia de tener talento. Si ante un nuevo reto no consiguen destacar desde el primer momento, sienten que han fracasado y que los que creían en ellos se sentirán defraudados al descubrir que no gozan de una capacidad innata. Si tienen que esforzarse para lograr el éxito, es una señal de su falta de competencia.

CÓMO RECONOCER UN PERFIL DE GENIO

Los genios tienen una visión distorsionada de las capacidades que hay que tener para lograr el éxito y menosprecian el esfuerzo como vía para lograrlo. Para ellos, el trabajo extra y la necesidad de formación son los recursos de los que no tienen talento, y bajo estos parámetros se autoevalúan.

Los perfiles de genio en personas con el síndrome del impostor presentan esta serie de **características** comunes:

- Vinculan su valor personal al resultado de su talento innato; por eso, si no triunfan a la primera, dudan de su capacidad.

- Su autoestima depende de que valoren su talento.

- La tenacidad para conseguir algo no es su punto fuerte.

- Necesitan tener el control de todo desde el principio.

- Si tienen que esforzarse por conseguir un éxito, consideran que han fracasado.

- No les basta con triunfar, es importante hacerlo rápidamente y sin tener que realizar esfuerzos extra.

- Si tienen que esforzarse para que sus aptitudes sean visibles, se consideran que no valen para la tarea.

- En su valoración pesa más el talento que el esfuerzo.

- Sienten vergüenza si tienen que esforzarse para lograr el éxito.

- Tienen que dominar todo al primer intento; si no, se juzgan muy duramente.

> Roberto es periodista y trabaja en la radio. Tiene una voz grave y bonita que destaca entre las demás. Le han propuesto que participe en la grabación de unos audiolibros. Acude al estudio y hace una prueba. Cuando la escuchan, le piden que siga una serie de pautas y que ensaye para adquirir algunas técnicas que ayudarán a que todo salga correctamente. Roberto ensaya un poco, pero enseguida se siente frustrado y duda de su capacidad. Cae en el error de pensar que, si tiene que practicar, es que su voz no es tan buena y se avergüenza. Ahora los demás se habrán dado cuenta de que no era tan válido como creían.

El caso de Roberto se podría definir como el de un experto «natural». Consideran que el verdadero valor es innato, y se apoyan en él para lograr el éxito. Si no lo consiguen rápidamente, o no sienten que lo saben todo y que controlan la situación desde el primer momento, se juzgan con dureza.

TEST. ¿TIENES PERFIL DE GENIO?

Lee las siguientes afirmaciones y señala la respuesta con la que te sientas más identificado. La primera opción que aparezca en tu mente es la adecuada, no trates de razonar.

---

1. **Cuando acepto un nuevo reto, tengo que conseguir éxito rápidamente; si no, siento que no soy competente.**

   a. Nunca.   b. A veces.

   c. Frecuentemente.   d. Siempre.

---

2. **Me siento frustrado si para conseguir algo tengo que hacer un esfuerzo extra.**

   a. Nunca.   b. A veces.

   c. Frecuentemente.   d. Siempre.

3. **Siento vergüenza si no soy capaz de resolver algo al primer intento.**

   a. Nunca.   b. A veces.

   c. Frecuentemente.   d. Siempre.

4. **Si necesito trabajar para lograr las competencias necesarias, me siento mal conmigo mismo.**

   a. Nunca.   b. A veces.

   c. Frecuentemente.   d. Siempre.

5. **Pienso que, si necesito esforzarme, es porque no tengo talento.**

   a. Nunca.   b. A veces.

   c. Frecuentemente.   d. Siempre.

Una vez que completes el test, suma los puntos obtenidos aplicando los siguientes valores a cada respuesta: **a** (un punto), **b** (dos puntos), **c** (tres puntos), **d** (cuatro puntos).

PUNTUACIÓN:

- **10 o menos**. No tienes un perfil de genio.

- **Entre 11 y 14**. Valoras el talento innato, aunque sabes que el éxito no depende solo de él.

- **Superior a 14**. Tu perfil es el de genio. Consideras que, para ser competente, hay que tener un talento innato y el control desde el principio. El esfuerzo es necesario solo para los que no gozan de las competencias necesarias. Posiblemente, lo que te falta es interiorizar el valor del esfuerzo como algo que te ayuda a mejorar.

Si en algún momento has sentido que no has obtenido el reconocimiento de los demás por no lograr los objetivos en primera instancia, y lo has percibido de una manera negativa, tienes que empezar a valorar el papel del esfuerzo en la consecución del éxito. Eso no menoscaba tu valía.

LA SUPERDOTADA

Las mujeres superdotadas necesitan sentir que tienen el conocimiento necesario desde el primer momento, y que lograr el éxito no les va a suponer ningún esfuerzo extra. Su valor radica en sus capacidades innatas. Probablemente, desde pequeñas han sido admiradas por tener habilidades destacadas y han sentido que necesitan dominar cada nuevo reto desde el primer momento; si no, la valoración que hacen de sí mismas es muy negativa y temen que los demás cambien la opinión que tienen de ellas. Este perfil no presenta comportamientos muy diferenciados entre hombres y mujeres.

Virginia tiene 24 años y es cantante. Desde pequeña han alabado su voz y cómo interpreta las canciones. En su entorno no hacían más que repetirle que había nacido para cantar. Al principio lo tenía como una afición muy gratificante, pues le aportaba muchos momentos en los que se sentía muy valorada. Cuando decidió dedicarse a ello profesionalmente, empezaron sus primeras dudas. El éxito que esperaba tardaba en llegar, y eso le hacía sentirse fracasada y avergonzada ante los suyos. Se juzgaba muy duramente porque no conseguía resultados con rapidez. Por fin llegó el momento en que empezó a hacerse más conocida y le aconsejaron que entrara en una academia para seguir perfeccionando su técnica vocal; no encajó muy bien la propuesta. Quizá su talento no era tan grande. Pensaba que, si todavía tenía que aprender para que la consideraran, significaba que no era tan buena cantante.

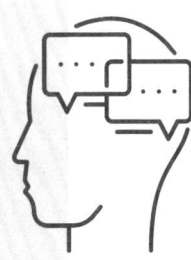

Si te has identificado con los casos de Roberto o Virginia, tienes la oportunidad de cambiar la creencia que tienes acerca del esfuerzo y considerarlo un impulso que te va a ayudar a mejorar y hacer que tu talento crezca.

PRÁCTICA.
APRENDER A VALORAR EL ESFUERZO

Si tienes un perfil de genio y una capacidad innata para algo, un aspecto que debes trabajar es aprender a valorar el esfuerzo como algo que va a hacer que tu habilidad se desarrolle y que tú brilles más. No triunfar a la primera no es sinónimo de fracaso. La mejor manera de que lo descubras es que empieces a practicar.

1. **Identifica tu habilidad principal**

   ▪ Entre todas tus habilidades, elige aquella que crees que es por la que destacas más: tocar un instrumento, cocinar, hablar diferentes idiomas, la escritura creativa, una habilidad deportiva...

   ▪ Reflexiona acerca de esa habilidad y responde a estas preguntas:

     ○ ¿Qué te dicen los demás acerca de esta habilidad? ¿Te elogian por ella?

     ○ ¿Consideras que es una habilidad innata?

     ○ ¿Haces algún esfuerzo por mejorar esta habilidad?

     ○ ¿Crees que, si te tuvieras que esforzar por destacar en ella, dejaría de ser una habilidad especial?

2. **Prueba a entrenar**

   Practica durante el próximo mes para entrenar tu habilidad y evaluar los resultados. Para ello:

   ▪ Establece una meta específica que te suponga un desafío a conseguir con respecto a tu habilidad. Debe ser un reto alcanzable en este tiempo fijado de un mes.

   ▪ Desarrolla un plan de acción detallado que incluya las actividades que vas a desarrollar y los tiempos previstos para cada una de ellas. Organiza tu agenda y añade esta planificación.

   ▪ Cuando comiences a entrenar, apunta cada día los esfuerzos que has realizado y señala cada logro conseguido. ¿En qué has notado que progresas?

   ▪ Dedica un tiempo al día para celebrar cada pequeño avance.

3. **Practica la paciencia y refuerza tu mentalidad de crecimiento**

   ■ Aunque seas bueno en algo, evita pensar que dominas todo sin esforzarte.

   ■ Cuando pierdas la motivación para superar la prueba con éxito, reflexiona acerca de tus fortalezas y piensa en cómo te han ayudado en ocasiones anteriores a vencer obstáculos. Sé consciente de tus capacidades y confía en ellas.

   ■ Focalízate en lo que vas a aprender y aparta de tu mente los pensamientos acerca del significado que hasta ahora has dado al esfuerzo. Considéralo como una oportunidad de probar cosas distintas, de aprender más acerca de algo.

   ■ No te juzgues si no logras el éxito rápidamente. Por cada día que lleves adelante tu plan y te esfuerces, date una recompensa.

   ■ Sigue adelante con el plan de acción y entrena tu capacidad de esfuerzo.

4. **Evalúa tu práctica**

   Al finalizar el periodo que has marcado para tu entrenamiento, reflexiona acerca de los resultados obtenidos. Para ello, responde a las siguientes preguntas y anótalas en tu cuaderno:

   ■ ¿Cuáles han sido tus progresos desde el inicio de la práctica?

   ■ ¿En qué ha mejorado tu habilidad?

   ■ ¿Qué estrategias te han funcionado mejor para llevar el entrenamiento hasta el final?

   ■ ¿Qué has aprendido de la experiencia?

   ■ ¿Te sientes más valioso?

   Cuando sientas que solo la habilidad innata debería ser suficiente para triunfar, toma tu cuaderno y lee tus propias reflexiones.

EL SUPERHÉROE

Los miembros de esta categoría, para sentirse bien con ellos mismos, necesitan demostrar que pueden con todo. Deben realizar más tareas que los demás, y además han de ejecutarlas mejor. Si acaban con su trabajo, se ponen también con el de otros. Dependen en exceso de la valoración de los demás y necesitan el reconocimiento de su labor para afianzar su autoestima. Si no reciben alabanzas, se frustran.

El impostor superhéroe tiene que sentirse eficaz en todo, no hay cometido que se le resista. No se permite renunciar ni fallar en nada, pues eso pondría en duda su valía. Se sentirá mejor cuantas más funciones sea capaz de realizar a la perfección y con éxito. Su temor es perder el control y no poder dominar alguna de las cuestiones, eso pondría en evidencia que no es tan válido como los demás piensan.

CÓMO RECONOCER UN PERFIL DE SUPERHÉROE

Los superhéroes pueden con todo. Necesitan demostrar permanentemente que valen para cualquier cosa y que además su grado de desempeño es alto en todas las funciones que asumen. Para ellos todas las tareas son importantes y su presencia fundamental para los resultados.

Los perfiles de superhéroe en personas con el síndrome del impostor presentan esta serie de **características** comunes:

- Están constantemente realizando tareas para ocultar su sentimiento de impostura.

- No les parece suficiente con hacerlas, estas tienen que resultar perfectas.

- Vinculan su valor personal al desempeño multitarea, por eso no se permiten descansar ni fallar.

- Su autoestima depende en exceso de la valoración que los demás hagan de su trabajo. Necesitan el reconocimiento.

- No les basta con ser buenos, han de ser infalibles.

- Precisan tener el control de todo.

- Se critican duramente si fallan en alguna tarea. Esto es para ellos una señal de fracaso.

- En su valoración pesan más los errores que los logros obtenidos.

- No son capaces de delegar tareas, ni siquiera aquellas en las que su aportación no es esencial.

- Suelen dejar a un lado su bienestar y viven con un nivel de estrés alto.

Julio es responsable del departamento financiero de una empresa. Está muy capacitado y sus resultados son buenos, aunque en su fuero interno piensa que ha conseguido ese puesto porque conocía al director general. Para demostrar al resto de sus compañeros su valía, trabaja sin parar y presta atención a todos los frentes. No tiene horarios, está disponible siempre que se le necesita y busca rápidamente soluciones. Si se piden voluntarios para algo, ahí está él. Necesita desarrollar muchas funciones y resolverlas con éxito, pues considera que con eso demuestra su valía. Si los demás no alaban su trabajo, se desanima y piensa que quizá no es lo suficientemente bueno y que la confianza que han depositado en él es excesiva.

Reflexiona acerca de cómo es tu comportamiento en el día a día. ¿Necesitas involucrarte en muchas tareas y ser el mejor en todo para sentirte competente? Puede que tu perfil sea el de superhéroe. Compruébalo realizando el siguiente test.

TEST. ¿TIENES PERFIL DE SUPERHÉROE?

Lee las siguientes afirmaciones y señala la respuesta con la que te sientas más identificado. La primera opción que aparezca en tu mente es la adecuada, no trates de razonar.

1. **Siento la obligación de atender personalmente el mayor número posible de tareas.**

    a. Nunca.   b. A veces.

    c. Frecuentemente.   d. Siempre.

2. **Me siento frustrado si no llego a resolver con éxito todas las funciones que quiero asumir.**

    a. Nunca.   b. A veces.

    c. Frecuentemente.   d. Siempre.

3. **Me cuesta delegar porque siento que estoy en la obligación de hacer todo correctamente por mí mismo.**

   a. Nunca.   b. A veces.

   c. Frecuentemente.   d. Siempre.

4. **Si no recibo alabanzas por mi gran capacidad y poder de resolución, no me siento valorado.**

   a. Nunca.   b. A veces.

   c. Frecuentemente.   d. Siempre.

5. **Necesito controlar todo lo que pasa a mi alrededor para que nada falle y, si es necesario, asumo también tareas de otros.**

   a. Nunca.   b. A veces.

   c. Frecuentemente.   d. Siempre.

Una vez que completes el test, suma los puntos obtenidos aplicando los siguientes valores a cada respuesta: **a** (un punto), **b** (dos puntos), **c** (tres puntos), **d** (cuatro puntos).

PUNTUACIÓN:

- **10 o menos**. No tienes un perfil de super-héroe.

- **Entre 11 y 14**. Necesitas sentirte útil en muchas funciones. Procura no obsesionarte con el control y delega más a menudo.

- **Superior a 14**. Necesitas sentir que eres capaz de realizar el mayor número de funciones con éxito. Tu autoexigencia puede causarte agotamiento y frustración. No olvides que los superhéroes y las superheroínas funcionan mejor en la ficción.

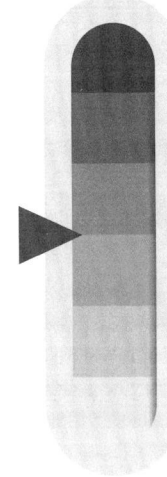

LA SUPERHEROÍNA O *SUPERWOMAN*

La superheroína está presente en todas las tareas. No hay función en la que se permita delegar y, además, se pone como objetivo llegar a todo y bien. Cualquier tarea no resuelta, o con un resultado no lo suficientemente brillante, es motivo de que se sienta frustrada y con sensación de fracaso. Está permanentemente en acción y necesita estar pendiente de todo para sentirse competente. Es perfeccionista y, en su fuero interno, teme perder el cariño de sus seres queridos si no atiende al mayor número de tareas posible con éxito, porque tiene la creencia de que ahí radica su auténtico valor. Como consecuencia, vive en tensión, sin permitirse bajar la guardia y al borde del estrés.

Lucía es la directora del departamento de comunicación de un prestigioso museo. Sabe que muchas miradas están puestas en ella para que todo sea un éxito y no falle nada. A ella le gusta estar constantemente en acción y cuidar todos los detalles. Tener éxito en el trabajo es muy importante para Lucía, pero también necesita brillar en sus tareas de voluntariado, en su casa, siendo una perfecta madre para sus dos hijos, y sentirse la mejor hija al atender las necesidades de sus padres. Su autoexigencia es muy alta, y para sentirse bien con ella misma no le basta con actuar en todos estos frentes, necesita también brillar en todos; si no, siente que está fracasando. Esta presión afecta a su salud y le provoca insomnio, dolores de cabeza y estrés, pero todavía no ha aprendido a delegar ni a decir no a ninguna tarea. Tiene la creencia de que estar disponible las veinticuatro horas del día es lo que la ayuda a tener éxito y que los demás la valoren.

Es muy posible que te identifiques de algún modo con Lucía. La presión social puede hacer que uno sienta que, si no se vive atendiendo al mayor número de tareas con resultados exitosos, no se es suficientemente competente, y si algún detalle falla, es porque se es mala profesional, mala madre, mala amiga... ¿Te has parado a pensar cuántas veces dices «estoy hasta arriba...»? Posiblemente te falta practicar para aprender a decir no y descubrir que después no pasa nada malo, que tu valía permanece intacta.

PRÁCTICA.
APRENDER A DECIR NO

Establecer límites personales saludables, como decir no a algunas tareas, puede ayudarte a mantener un equilibrio en la vida, evitar un exceso de responsabilidades, y, además, podrás comprobar que no por eso tu valor disminuye. La disponibilidad sin límites ante la demanda de los demás eleva los niveles de estrés en mayor medida que el rechazo justificado a la misma.

1. **Reflexiona sobre las tareas y compromisos actuales**

   ■ Apunta en un cuaderno cuáles son las principales tareas y compromisos que tienes en la actualidad: universidad, trabajo, familia, etc. Pueden ser reuniones, proyectos, eventos sociales o compromisos familiares.

   ■ Repasa lo que has escrito y reflexiona acerca de las tareas que aparecen en la lista:

      ○ ¿Cuáles son tus primeros pensamientos al leerla?

      ○ ¿Qué sientes ante ese listado de tareas?

      ○ ¿Qué pasaría si no atendieras alguna de ellas?

   Anota tus impresiones.

2. **Identifica límites**

   ■ Revisa la lista que has escrito y marca aquellas tareas que te están sobrecargando la agenda o estresando más.

   ■ Marca ahora cuáles deberías suprimir para que te quedara tiempo de autocuidado y descanso.

   ■ Anota cómo te sentirías si en tu lista no estuvieran esas actividades que te están causando estrés.

   ■ ¿Crees que podrías eliminar alguna de estas tareas?

3. **Programa tiempos de autocuidado y descanso**

   ■ Revisa si en tu lista has incorporado actividades de ocio, autocuidado y descanso.

   ■ En caso de no haberlo hecho, añádelas y marca tiempos concretos en tu agenda.

4. Establece prioridades

- A la vista de todas las tareas descritas, marca las prioridades. Escríbelas ahora en orden de mayor a menor importancia.

- ¿Qué criterio has aplicado a la hora de marcar las prioridades? Reflexiona acerca de ello.

5. Delega tareas

Para evitar la sobrecarga de trabajo en la que estás inmerso, un primer paso es delegar funciones. Para ello:

- Selecciona aquellas tareas que has marcado como menos importantes y en las que tu implicación no es tan prioritaria.

- Busca alternativas para delegar esas tareas: personas de confianza, subcontratación de trabajos, etc.

- Planifica la delegación de estas tareas y deja por escrito cómo, con quién y cuándo lo vas a hacer.

6. Practica con el no

Si todavía no has adquirido el compromiso de una nueva tarea, antes de añadirla a tu lista:

- Pospón la respuesta para darte un pequeño tiempo de evaluación.

- Reflexiona a propósito de dónde se situaría esta actividad en la escala de tus prioridades.

- Si no está entre los primeros niveles, no aceptes una nueva función.

- Empieza a practicar tu respuesta: «Gracias por pensar en mí, aunque en este momento tengo otros compromisos que no puedo eludir», «Agradezco la oportunidad, pero necesito respetar tiempos de descanso», etc.

- Anota en tu cuaderno cuál es el sentimiento que tienes cuando logras superar el desafío de decir no a una nueva tarea.

- Cuando digas no a algo, repítete en voz alta: «Cada vez soy más competente y sé elegir lo que me ayuda a crecer y me aporta bienestar».

- Practica empezando por las tareas más pequeñas. Cada vez que pongas en práctica el no, escribe en tu cuaderno los beneficios que obtienes con ese tiempo que no has comprometido. ¿Qué has aprendido?

7. Reflexiona ante una nueva tarea

Cada vez que tengas por delante un nueva tarea, no la aceptes temiendo lo que pensarán los demás si la rechazas. Antes de aumentar tu lista de obligaciones:

- Busca tu progreso y bienestar, no los objetivos poco realistas de llegar a todo.

- Pide ayuda y delega aquellas tareas que no te aportan nada.

- Aunque seas bueno en algo, evita pensar que tienes que resolverlo todo.

- A pesar de decir no a algunas propuestas, recuerda que tus capacidades y tu valor no disminuyen.

- Plantéate objetivos realistas y date permiso para relajarte.

- Decir no a algo que no te aporta es decir sí a momentos de bienestar y crecimiento personal.

GESTIONAR Y SUPERAR EL SÍNDROME DEL IMPOSTOR

A lo largo de los capítulos anteriores, hemos ido analizando cómo el síndrome del impostor puede llegar a bloquear a personas de éxito y con mucho talento impidiéndoles alcanzar su verdadero potencial. A pesar de la evidencia externa de sus habilidades y logros, quienes experimentan este fenómeno tienen la creencia de que todo lo que han logrado es el resultado de un error, suerte o producto de haber engañado a otros acerca de sus verdaderas capacidades. La falta de confianza en sí mismos y el miedo a ser descubiertos como un fraude les impide disfrutar de cada éxito y sentirse merecedores de ellos.

Para liberarse de este sentimiento, el primer paso es ser consciente de que se está experimentando, de que la interpretación de la realidad no es la adecuada y de que algo en el interior está provocando un autoboicot. A partir de aquí, de la consciencia, se puede enfrentar este fenómeno con diferentes herramientas y estrategias que permitirán identificar los pensamientos negativos que afectan a la percepción que se tiene de uno mismo, reestructurarlos para poner la atención en los hechos reales e identificar las creencias que están bloqueando y dejarlas atrás. También es necesaria la reflexión para reconocer las habilidades, esfuerzos y logros personales y reforzar así el sentimiento de valía y la confianza en uno mismo. Aprender a abordar las dificultades, liberarse del qué dirán, superar los diferentes miedos y el sentimiento de culpa fomentarán, a su vez, una mentalidad de crecimiento y resiliencia y ayudarán a crear una autoimagen más saludable y realista.

Si te sientes un impostor, en este capítulo encontrarás herramientas efectivas para que te descubras a ti mismo, adquieras una nueva perspectiva de la realidad, refuerces tu autoconfianza y no solo mejores tu autopercepción, sino que amplíes tu capacidad para ver cómo puedes contribuir al mundo de manera significativa. Vamos a ir paso a paso.

RECONOCER EL PROBLEMA

El primer paso para gestionar y superar el síndrome del impostor es ser consciente de lo que se está experimentando. Puede parecer algo muy obvio, pero muchas personas que sienten sus consecuencias no tienen identificado el origen de algunos de sus comportamientos y miedos. Las señales más llamativas, y que ya hemos ido viendo a lo largo del libro, son el perfeccionismo extremo, el miedo al fracaso, la atribución de los logros a factores externos como el azar o la suerte, la comparación constante con los demás y no sentirse a la altura, la autocrítica excesiva, la dificultad para aceptar elogios y una sobrepreparación o trabajo excesivo para cada tarea que se afronta.

Si te sientes identificado con la mayoría de estas señales y todavía tienes dudas, puedes realizar el test propuesto en el primer capítulo para descubrir si estás experimentando el síndrome del impostor en la actualidad. Puede que, aunque ahora no lo sientas así, haya estado presente en algún momento de tu vida.

A fin de liberarse de este sentimiento, es necesario ir al origen del problema e iniciar una introspección que ayude a reconocer las emociones, cómo están actuando y aceptar la situación. Con posterioridad será fundamental comenzar a identificar las habilidades, competencias y fortalezas que se poseen para apoyarse en ellas y empezar a mirar la vida desde otra perspectiva.

AUTOCONOCIMIENTO

Conocerse a uno mismo es fundamental para comprenderse, valorarse y sentirse bien. El autoconocimiento es la capacidad de introspección que tiene una persona para identificar y ser consciente de sus emociones, pensamientos, habilidades, competencias, fortalezas, creencias y valores. Se trata de un proceso reflexivo que permite observar el interior y descubrirse.

Los principales **componentes del autoconocimiento** son:

- **Conciencia de uno mismo**. Es la capacidad de reconocer los propios pensamientos, emociones, fortalezas, debilidades, motivaciones, sensaciones físicas y comportamientos en diferentes situaciones.

- **Identificación de valores**. Supone tener claridad acerca de los valores fundamentales y lo que es importante para uno en la vida, lo que ayuda a tomar decisiones alineadas con las creencias y prioridades.

- **Identidad personal**. Consiste en tener una idea clara de cómo es uno en cuanto que individuo, incluida la historia personal en la que hay información sobre pensamientos, emociones y sensaciones asociados a esos momentos. Permite construir un sentimiento de identidad tras la evaluación de cada uno de los rasgos que imprimen nuestro caracter personal.

- **Evaluación personal**. Es la valoración personal que hace una persona de sí misma a través de una observación objetiva y de aceptación de su identidad. Implica la capacidad de reflexionar sobre las propias fortalezas, debilidades, valores y metas y evaluar cómo uno se percibe con relación a ellos. Esta autoevaluación está muy relacionada con la autoestima, que indica si la persona está conforme consigo misma. Hay que poner en justo equilibrio las fuerzas y las flaquezas del individuo para que la valoración tenga sentido.

- **Orientación al crecimiento**. Permite estar abierto al aprendizaje y al crecimiento personal e implica buscar constantemente oportunidades para mejorar y desarrollarse.

- **Autoaceptación**. Consiste en aceptarse a uno mismo tal y como se es, con todas las imperfecciones y singularidades. Esto implica abrazar tanto los aspectos positivos como las áreas de mejora. Contribuye a mejorar la autoestima y libera de la necesidad constante de aprobación externa.

El autoconocimiento es muy importante, también en el síndrome del impostor, porque:

- Mejora la autoestima y la confianza en uno mismo.

- Facilita la toma de decisiones alineadas con los valores y metas.

- En lineas generales fomenta relaciones más auténticas y significativas con los demás.

- Proporciona una base sólida para el crecimiento personal y profesional.

- Ayuda a manejar el estrés y los desafíos de una manera efectiva.

- Favorece el bienestar emocional y el sentimiento de estar satisfecho con la vida.

PRÁCTICA.
1. CARTA A TI MISMO

1. Busca un lugar tranquilo y cómodo donde puedas escribir sin distracciones.

2. Tómate unos minutos para reflexionar sobre diferentes aspectos de tu vida y piensa cuáles son tus fortalezas, debilidades, valores, metas, sueños y desafíos. También puedes pensar en momentos significativos del pasado.

3. Escribe una carta dirigida a tu yo actual y cuenta en ella lo que has estado experimentando últimamente:

   ▪ Habla de tus emociones, pensamientos, de cómo te sientes en este momento de tu vida.

   ▪ Reconoce tus fortalezas y logros, y ten presente también tus debilidades y áreas de mejora.

   ▪ Recuerda qué es lo más importante para ti en la vida, cuáles son tus valores fundamentales y cuáles tus metas y sueños. Reflexiona y escribe si consideras que estás en el camino adecuado para alcanzarlos.

   ▪ Escribe palabras de aliento y apoyo para ti mismo. Reconoce tus esfuerzos y valía como persona.

   ▪ Termina la carta con un mensaje de optimismo para el futuro y anímate a seguir confiando en ti mismo.

4. Una vez que hayas terminado la carta, guárdala. Pasados unos días, léela con calma y presta atención a las palabras y sentimientos que has expresado.

Esta práctica te ayudará a profundizar en tu autoconocimiento y reflexionar sobre tus experiencias. Te proporcionará una oportunidad para conectar con tu interior y obtener un poco más de claridad sobre quién eres y qué quieres en la vida.

ACEPTACIÓN

La aceptación es el reconocimiento activo de que las cosas son como son. Consiste en ser consciente de la realidad, sin reacciones emocionales que distorsionen el foco, para decidir cómo relacionarnos y actuar ante ella. Aceptar es un hecho voluntario que no impide buscar cambios, aunque sabiendo cuál es el punto de partida para actuar a partir de él. La aceptación es una estrategia emocional de gran valor que evita sufrimiento, desgaste y pérdida de energía. Aceptar tus sentimientos de impostor, tus miedos al fracaso, al qué dirán, a que te descubran... saber que están ahí y no ocultarlos, sino ser consciente, es fundamental para poder afrontarlos y superarlos.

Desarrollar esta actitud aporta una gran número de **beneficios** como:

- Proporciona un mayor ajuste de la realidad.

- Activa pensamientos más racionales y objetivos.

- Invita a la acción, a buscar las soluciones de lo que está en nuestra manos gestionar.

- Ahorra gastos de energía físicos y emocionales inútiles.

- Evita que nos estanquemos y favorece un proceso continuo de superación.

- Aumenta la autoestima, dado que nos hace más conscientes de nuestra capacidad para el control personal.

- Aporta resiliencia y fortaleza a fin de gestionar situaciones futuras.

PRÁCTICA.
2. ENTRENA LA ACEPTACIÓN

1. Durante una semana, proponte cada día el objetivo de poner tu atención en una situación o comportamiento que observes que te desagrade y sobre el que no puedes actuar (un atasco, un día de lluvia, has perdido un tren, etc.):

    - Observa cuál es tu reacción ante ese hecho y qué emociones se activan en ti.

    - Sé consciente de la energía que estás gastando en resistirte a aceptar esa realidad.

    - Analiza si te está provocando un malestar añadido: nervios, impotencia, etc.

- ¿Qué pensamientos pasan por tu cabeza?

- Fíjate en qué sensaciones físicas estás sintiendo durante todo este proceso.

- Prueba a no dar vueltas a esa realidad ni a reaccionar emocionalmente ante ella. Acepta los hechos como se presentan. ¿Hay algo que estés perdiendo por aceptarlo?

- Observa cómo reacciona tu cuerpo cuando no gastas energía en resistirte a esa situación. ¿Qué sientes?, ¿notas alguna relajación física o mental?

- Una vez que aceptes esa realidad, ¿qué decisiones vas a tomar contando con que esa situación no va a cambiar?

2. Finalizada la semana, **haz una valoración** de lo que has experimentado. ¿Qué ha sucedido cada vez que has aceptado que las cosas son como son? Sigue practicando hasta que interiorices esta forma de actuar. Verás cómo el estrés disminuye.

3. Una vez que hayas **entrenado esta actitud** con prácticas del día a día y tengas interiorizada la dinámica, repite los mismos pasos poniendo el foco en alguna situación en la que experimentes el síndrome del impostor: hablar en una reunión, presentarte a un examen, realizar una entrevista de trabajo, defender un proyecto, dar una conferencia, etc.

Aceptar tus miedos y no ignorarlos es un paso fundamental para seguir adelante. Saber que están ahí no hace que desaparezcan por sí solos, pero te permite actuar siendo consciente del papel que están jugando y puedes evitar que tomen el control. Más adelante volveremos a tratar el tema de los miedos.

FORTALECER LA MENTE

La mente juega un papel fundamental en cómo nos percibimos, los mensajes que nos dirigimos y la manera en la que interpretamos la realidad. Para superar cualquier desafío, lo que también se aplica al fenómeno del impostor, es muy importante fortalecer la mente y con ella la confianza en las habilidades y capacidades de cada uno. Implica la posibilidad de cambiar los patrones de pensamiento negativos y autocríticos por otros más realistas y positivos acerca de los logros obtenidos. Supone un trabajo de autorreflexión que permita una comprensión más profunda de uno mismo, de un análisis de las experiencias vividas, de los desafíos superados, de los esfuerzos y fortalezas personales que nos han acompañado durante el camino.

Fortalecer la mente implica una práctica constante. Al principio requiere un esfuerzo mayor para ser conscientes de la realidad y adquirir el hábito de no movernos con el piloto automático que desde nuestro cerebro nos dirige. Con el tiempo será necesario seguir ejercitándola y no perder de vista que nuestra mente tiene un gran poder, y que se puede entrenar.

IDENTIFICAR LOS PENSAMIENTOS NEGATIVOS

Constantemente nos estamos hablando a nosotros mismos y nuestro cerebro se mantiene activo en cada momento. Nos dirigimos mensajes prácticamente en cada momento y situación:

- «Vamos, levántate»,
- «¿Dónde he puesto la taza?»,
- «Mira que soy torpe»,
- «Hoy estás fenomenal»
- ...

Seguro que en un instante vienen a tu cabeza muchos de esos mensajes que te lanzas, algunos muy rutinarios, otros más profundos, algunos positivos y otros negativos y muy críticos con tu persona. Aunque no seamos conscientes de este parloteo continuo, pues nos volveríamos locos, es importante dedicar un tiempo a escuchar qué nos decimos y cómo nos hablamos, pues ahí está el origen de cómo nos sentimos y percibimos.

Identificar los pensamientos nos permite ser conscientes de nuestras emociones, cómo influyen en nuestro estado de ánimo y comprobar cómo afectan a nuestras reacciones. Nos brindan una información muy valiosa de nuestras creencias, temores y preocupaciones. Cuando se experimenta el síndrome del impostor, es fundamental localizar esos pensamientos negativos que aparecen en la mente ante cualquier desafío y desencadenan un ciclo vicioso de autocrítica. Al identificarlos, podrás interrumpir esa rueda de pensamientos y buscar estrategias para contrarrestarlos. Suelen estar relacionados con una baja autoestima y una percepción negativa de uno mismo, y por eso no hay que dejar que se acomoden en la mente.

PRÁCTICA.
IDENTIFICA Y REFORMULA LOS PENSAMIENTOS
NEGATIVOS

1. Durante las próximas tres semanas, **presta atención a los pensamientos negativos** que aparecen por tu mente y apúntalos en un cuaderno. Anota cualquier pensamiento negativo que surja durante el día, así como el contexto en el que ocurrió. Presta especial atención a los que están potenciando tu síndrome del impostor.

2. **Pasado ese tiempo, revisa tus anotaciones:**

   ■ ¿Observas algún patrón o tema recurrente en tus pensamientos negativos?

   ■ ¿Hay ciertos temas o áreas de tu vida en las que son más comunes estos pensamientos negativos?

3. **Una vez que hayas identificado los patrones, comienza por cuestionar tus pensamientos negativos:**

   ■ ¿Son realistas y basados en evidencias?

   ■ ¿Hay pruebas que respalden que estos pensamientos responden a una realidad?

   ■ ¿Cómo puedo interpretar esta situación desde una perspectiva más objetiva?

4. Ahora, prueba a **reestructurar tus pensamientos** de una manera más realista y positiva. Para ello, puedes utilizar una tabla como esta:

PENSAMIENTO NEGATIVO	REFORMULACIÓN POSITIVA
No voy a poder hacer esto bien.	Estoy capacitado para afrontar este desafío.
Voy a fracasar.	Tengo una oportunidad de aprender.
...	...

5. En las semanas siguientes, **cuando aparezcan pensamientos negativos** ante una situación desafiante, practica en **reformularlos** al momento. Apunta en tu cuaderno cómo has logrado cambiar tu pensamiento en el mismo instante en que surgió la idea negativa.

6. Al final de cada semana, toma tu cuaderno y **revisa tu progreso.** Celebra cada mejora y sé consciente de ella.

7. Ve observando **cómo van cambiado tus patrones de pensamiento** con el tiempo y apunta cómo te sientes.

8. **Sigue practicando cada día** y sé paciente. Cambiar los patrones de pensamiento lleva tiempo y práctica, aunque durante el proceso tu mente trabajará de una manera más positiva y constructiva cada vez que lo hagas y saldrá fortalecida.

RECONOCER LAS HABILIDADES, ESFUERZOS Y LOGROS

Realmente, tan importante como identificar los pensamientos negativos es ser consciente de las habilidades que se poseen, valorar los esfuerzos que se están realizando, los logros obtenidos y aceptar que uno es merecedor de cada éxito conseguido.

Reconocer nuestras habilidades y logros refuerza nuestra autoimagen positiva y fortalece la autoestima, por cuanto ayuda a reconocer nuestro valor y contribución en diferentes áreas de nuestras vidas. También aumenta la motivación y nos impulsa a establecer metas más altas y a aceptar desafíos para alcanzar nuestro máximo potencial, a la vez que refuerza la confianza en nosotros mismos y genera un sentido de satisfacción con nuestra vida, difícilmente alcanzable si nuestra percepción fuera negativa.

Ser conscientes de las habilidades que se poseen, y valorarlas, es un paso esencial para superar el síndrome del impostor. Forman una base sólida en la que apoyarse cuando surgen dudas acerca de la valía personal, por eso es fundamental que las identifiques y las tengas presentes en todo momento. Esto te ayudará también a sentirte merecedor de los éxitos obtenidos y no atribuirlos constantemente a factores externos o productos de la casualidad.

PRÁCTICA.
SÉ CONSCIENTE DE TUS HABILIDADES Y FORTALEZAS

1. En primer lugar, tómate un tiempo para **reflexionar sobre ti mismo** y prepara una lista de tus habilidades, talentos y áreas en las que te sientes fuerte:

   - ¿Cuáles son las actividades con las que disfrutas?
   - ¿En qué actividades has destacado en el pasado?

2. **Pide a tus amigos** cercanos, familiares o compañeros del trabajo que te brinden **retroalimentación sincera sobre tus fortalezas y habilidades**. Es importante que te indiquen en qué áreas creen que sobresales y qué características admirables ven en ti.

3. **Reflexiona ahora sobre tus logros pasados**, tanto personales como profesionales:

   - Prepara una lista de los momentos en los que has obtenido algún éxito.
   - Apunta al lado de cada éxito cuáles fueron las habilidades que utilizaste para alcanzar esos logros.
   - Reconoce tus aportaciones a la consecución del mismo.
   - Añade también cuáles son los obstáculos que tuviste que superar.

4. Prueba a **visualizarte** participando en **actividades que nunca te hayas atrevido a afrontar** y en las que empleas las habilidades y fortalezas que has utilizado en otras ocasiones:

   - ¿Cómo crees que te sentirías?
   - ¿Impactaría positivamente en tu vida aceptar ese reto?

5. **Sal de tu zona de confort** y acepta nuevos desafíos:

   - Acepta participar en alguna actividad que resulte nueva para ti y observa qué nuevas habilidades y fortalezas descubres durante la ejecución de la misma.
   - Observa cómo es tu comportamiento, cuáles son tus sentimientos y qué aspectos de esa nueva actividad te causan un mayor disfrute.

6. **Reconoce cada uno de tus logros**, tanto los grandes como los pequeños. Completar una tarea difícil o un elogio recibido no deben ignorarse. Haz un alto en tu camino y dedica un tiempo a disfrutar del éxito conseguido.

7. Apunta cada noche en un cuaderno **tres cosas por las que estés agradecido en cuanto a tus habilidades y fortalezas personales**. Al levantarte cada mañana, lee lo que has escrito la noche anterior.

Ya sabes que la práctica continuada es garantía del éxito. Ten presente en cada momento cuáles son tus puntos fuertes, en qué te puedes apoyar para salir adelante en una situación difícil o comprometida y ten la seguridad de que si fueron la clave de tu triunfo en el pasado, van a seguir siéndolo en cualquier reto futuro.

SENTIRSE COMPETENTE
Y CONFIAR EN UNO MISMO

En un mundo lleno de desafíos, sentirse eficaz y competente es un valor incuestionable. Cuando nos sentimos capaces y seguros de nuestras habilidades, podemos afrontar cualquier tarea con determinación y éxito. La sensación de eficacia no solo impulsa el rendimiento, sino que también influye en la salud mental y el bienestar general. En su teoría de la autoeficacia, el psicólogo Albert Bandura afirma que las creencias de una persona sobre su capacidad para tener éxito en situaciones específicas determinan su nivel de esfuerzo y persistencia; en otras palabras, que si creemos que somos capaces de lograr algo, es más probable que lo logremos.

Cuando nos sentimos eficaces y competentes, experimentamos una serie de beneficios psicológicos y emocionales. La autoestima se fortalece, la ansiedad disminuye y nos enfrentamos a los desafíos con una actitud positiva y proactiva. Además, la sensación de logro que acompaña a cada éxito refuerza aún más la confianza en nosotros mismos y fortalece nuestro crecimiento personal.

Para cultivar y mantener la sensación de eficacia y competencia en la vida diaria es necesario establecer metas realistas, aprender de la experiencia, reflexionar sobre los éxitos y fracasos, aceptar el reconocimiento y la validación de nuestros logros por parte de los demás y reforzar la imagen que tenemos de nosotros mismos.

PRÁCTICA.
FORTALECE LA CONFIANZA EN TI MISMO

1. **Utiliza un «cuaderno de éxitos»** para ir apuntando en él cada uno de tus logros. Al final de cada jornada, tómate cinco minutos para reflexionar acerca de cuáles han sido tus éxitos del día y apúntalos en tu cuaderno. No importa la envergadura de los mismos, pueden ser desde completar una tarea importante hasta realizar una pequeña acción que te acerca a la meta que te has propuesto.

2. Además de apuntar los logros, **escribe afirmaciones positivas para reforzar tu confianza**. Por ejemplo: «Soy capaz de superar este desafío», «Tengo confianza en mis capacidades», «Puedo resolver esto con éxito», etc. Si has recibido algún elogio o reconocimiento, déjalo también anotado.

3. Cada mañana, toma tu cuaderno y **lee lo que dejaste escrito** por la noche. Repite en voz alta tus afirmaciones positivas.

4. Al final de la semana, **revisa los logros** que has obtenido en esos días:

   - ¿Qué te dicen esos logros?
   - ¿Cuáles de tus habilidades han destacado en la consecución de esos logros?
   - ¿Has recibido algún elogio o reconocimiento por ellos?
   - ¿Te sientes más seguro de tus capacidades?

5. Tómate unos minutos para **interiorizar tu contribución en lograr esos éxitos** y busca una manera especial de celebrarlos. Te lo mereces.

6. Cuando hayas adquirido el hábito de llevar a cabo esta práctica, puedes ajustarla para **centrarte más en los aspectos de tu vida en los que necesites sentirte más seguro**, aquellos en los que experimentas habitualmente el síndrome del impostor.

Siguiendo esta dinámica fortalecerás la confianza en ti mismo y cultivarás una mentalidad positiva que te ayudará a afrontar los desafíos que se te presenten. Recuerda ser paciente y no abandonar la práctica. La mente necesita tiempo para salir fortalecida.

EVITAR LA COMPARACIÓN CONSTANTE

La comparación con los demás es un impulso natural que surge de la necesidad de comprender nuestro lugar en el mundo. Comparamos nuestras experiencias, logros y características con otros para obtener una referencia de cómo lo estamos haciendo en relación con ellos, porque buscamos la validación y aceptación de nuestro entorno social y cultural. Observamos a personas que admiramos y que ponemos como modelo para identificar las áreas en las que podemos aprender o mejorar.

La inseguridad personal y la baja autoestima pueden hacer que esta comparación con los demás se convierta en una manera de autoevaluarnos con resultados poco positivos. La sociedad en la que vivimos establece estándares y expectativas sobre lo que considera éxito, felicidad y belleza, y tenemos tendencia a compararnos con aquellos modelos que parecen estar cumpliendo con esas normas establecidas. Una comparación excesiva, en ocasiones con perfiles que tenemos idealizados y encumbrados, puede generar sentimientos de inferioridad, preocupación por no estar a la altura de los estándares y miedo a ser juzgado. La comparación constante es posible que provoque insatisfacción con lo que se tiene y que no se le dé el valor que merece, pues siempre parece que hay alguien al que le va mejor y tiene más éxito. Cuando esto sucede, el camino de crecimiento personal puede no resultar tan visible y las relaciones con los demás seguramente también se verán dañadas.

Ya hemos visto que las personas con el síndrome del impostor caen en la comparación constante con los demás, y el uso de las redes sociales intensifica todavía más esta tendencia. Si quieres que este «mirarse en otros» no tenga un impacto negativo en la forma de interpretar y valorar tu vida, es muy importante que:

- Reflexiones acerca de lo que es importante para ti.
- Te concentres en tus objetivos y valores.
- Practiques el refuerzo personal.
- Interiorices que cada camino es único y debes seguir el tuyo.
- Agradezcas lo que tienes hoy y no lo compares con lo que tuviste en otro momento.

PRÁCTICA.
EVITA COMPARARTE CON LOS DEMÁS

1. Durante dos semanas, **presta atención a los momentos en los que te encuentras comparándote con los demás**.

2. Dibuja una tabla parecida a la que figura a continuación y **apunta cuáles son tus emociones y pensamientos cuando te comparas**.

ME COMPARO CON...	LO QUE VALORO EN... ES	HE PENSADO...	HE SENTIDO...

3. **Desafía esos pensamientos de comparación** y cuestiona su validez. ¿Realmente quieres lo que esa persona tiene o buscas una validación externa? Piensa acerca de tu respuesta.

4. **Reflexiona sobre cuáles son tus valores personales** y lo que es importante para ti en la vida. Haz una lista y colócalos por orden de prioridad.

5. Teniendo presente la lista anterior, **crea tu propia medida de éxito**:

   ▪ Define qué significa el éxito para ti.

   ▪ Establece unas metas realistas y significativas que reflejen tus valores y deseos personales.

6. **Céntrate en tu propio progreso, sin comparaciones**. Para ello, apunta en tu «cuaderno de éxitos» los logros que vas obteniendo y que te conducen a la meta que te has fijado. Celebra cada avance.

   ▪ ¿Qué sientes cada vez que eres consciente de tu progreso?

   ▪ ¿Tus logros te acercan al objetivo de éxito que has definido para ti?

Al seguir esta práctica podrás buscar tu propio camino basado en tus valores, metas y deseos. Cuando tengas claro tu propósito, si te fijas en otros, que sea solo para encontrar modelos que te sirvan de inspiración a fin de conseguir la mejor versión de ti mismo.

ENTENDER EL ORIGEN DE LAS CREENCIAS

Nuestras creencias tienen un peso fundamental en cómo interpretamos el mundo y nos relacionamos con él. Abarcan las percepciones, suposiciones y opiniones que tenemos acerca de la realidad. La educación juega un papel crucial en la formación de las mismas, así como la cultura y el contexto social en el que ha crecido cada uno. Desde la infancia, las personas interiorizan las creencias predominantes en su entorno a través de la socialización, y la familia suele ser el ámbito que más influye en los modos de pensar de cada individuo, aunque las experiencias personales y los eventos vividos pueden reforzar o desafiar algunas de las creencias previamente adquiridas.

Muchas de estas creencias pueden originarse y mantenerse porque satisfacen necesidades psicológicas importantes, como el sentimiento de seguridad, pertenencia, autoestima y comprensión del entorno. El proceso de razonamiento y pensamiento crítico afecta a cómo evaluamos y modificamos nuestras creencias. A veces, hay sesgos cognitivos que pueden distorsionar la manera en la que procesamos la información y, por tanto, en cómo afianzamos nuestras creencias. Por ejemplo, el sesgo de confirmación hace que las personas favorezcan la información que ratifica sus creencias preexistentes, mientras ignora o desacredita aquella que las contradice. Esto hace que, cuando se pone el foco en determinado aspecto, nuestro cerebro nos invite a buscar solamente evidencias que demuestren esa creencia y nos confirme, «erróneamente», que eso que creemos es una verdad absoluta. Esta forma de procesar la información puede mantener en nosotros creencias limitantes que condicionan nuestra vida de una manera negativa, impidiendo aceptar determinados desafíos y limitando la confianza en nosotros mismos y en nuestras capacidades.

En personas que experimentan el síndrome del impostor, es vital detectar el origen de esas creencias limitantes que las están incapacitando para ver la realidad tal cual es y que las lleva constantemente a fijarse en los aspectos negativos y a confirmar o crear una realidad que no existe. Desarrollar la capacidad de analizar información, cuestionar suposiciones y considerar evidencias alternativas es crucial para el desarrollo de creencias propias y la eliminación de creencias limitantes.

ELIMINAR LAS CREENCIAS LIMITANTES

Las creencias limitantes son suposiciones o percepciones de nosotros mismos, los demás y el mundo que, de alguna manera, restringen la capacidad para alcanzar el máximo potencial. Surgen de experiencias pasadas, de la educación y la exposición a diferentes influencias sociales y familiares.

Las creencias limitantes tienen un impacto profundo en varios aspectos de la vida como:

- **Autoestima y confianza**. Pueden debilitar la autoestima y hacer que una persona dude de sus capacidades.

- **Toma de decisiones**. Hacer elecciones basadas en el miedo y en la inseguridad, en vez de en objetivos y deseos auténticos.

- **Relaciones**. Esta creencia afecta a las relaciones personales y profesionales y lleva a dinámicas negativas y a falta de progreso.

- **Desarrollo profesional**. Una creencia limitante es posible que impida la búsqueda o aceptación de nuevas oportunidades de carrera o desafíos en la vida.

Para superar las creencias limitantes es necesario:

- **Identificar la creencia**. Supone ser conscientes de las creencias limitantes reconociendo los pensamientos automáticos que surgen en situaciones desafiantes. Ejemplo: «No valgo para esto».

- **Cuestionarla**. Este paso es fundamental, y consiste en comprobar la validez o veracidad de dichas creencias. Para ello, hay que buscar evidencias que realmente las respalden. Ejemplo: ¿Qué pruebas hay que te demuestren que no vales para eso? ¿Esto es así para todo el mundo? ¿Es cierto al cien por cien?

- **Contrastar con la evidencia**. El siguiente paso es buscar ejemplos en tu vida que indiquen lo contrario. Ejemplo: ¿Qué pruebas hay en contra de este pensamiento? ¿En qué ocasiones el pensamiento ha demostrado no ser cierto?

- **Buscar la intención positiva de la creencia**. Detrás de cada creencia puede existir una intención positiva que te permita alejarte de algún peligro. Piensa en las consecuencias de mantener esta creencia. Ejemplo: ¿Qué ventajas tiene este pensamiento? ¿Te ayuda a solucionar el problema y a sentirte mejor? ¿Consigues algo pensando así?

- **Reformular la creencia.** Genera puntos de vista alternativos al pensamiento negativo y crea afirmaciones positivas que permitan rechazar esa creencia. Ejemplo: «Tengo habilidades suficientes para desarrollar esta tarea»....

PRÁCTICA.
ELIMINA CREENCIAS LIMITANTES

1. **Identifica una creencia limitante** que te esté provocando el síndrome del impostor. A menudo, estas creencias operan de manera subconsciente y no te das cuenta de su influencia. Puedes comenzar preguntándote:

   ■ ¿Qué áreas de mi vida no están funcionando como me gustaría?

   ■ ¿Qué pensamientos negativos recurrentes tengo sobre mí mismo en estas áreas?

   Presta atención a patrones de pensamiento del tipo «no puedo...», «no soy suficiente...», «no merezco...».

2. Una vez que tengas identificada la creencia, **trata de entender el origen** de la misma:

   ■ ¿Quién o qué situaciones podrían haber contribuido a que se forme?

   ■ ¿Hay experiencias en mi infancia o vida adulta que pueda haberlas reforzado?

   Comprender el origen puede ayudarte a desvincularlas de tu identidad actual.

3. **Cuestiona su veracidad** y desafía su validez: «¿Es absolutamente cierta esta creencia?», «¿Qué evidencia tengo que la apoye?», «¿Es válida para todas las situaciones?», «¿Cómo me afecta creer esto?», «¿Qué evidencia tengo en contra?», «¿Cómo me sentiría sin ella?».

4. **Reformula la creencia y busca una alternativa** que te permita seguir avanzando. Formalízala en positivo. Ejemplo:

CREENCIA		ALTERNATIVA
No puedo...		Soy capaz de...
No soy suficiente...		Tengo habilidades suficientes para...
No merezco...		Merezco haber conseguido...

5. Utiliza las afirmaciones positivas y **visualízate con tu nueva creencia**:

- ¿Cómo actúas con esta nueva creencia?

- ¿Cómo te sientes?

- ¿Qué nuevos desafíos puedes aceptar?

6. **Actúa como si tus nuevas creencias fueran ciertas**:

- Acepta riesgos que normalmente evitarías.

- Ponte en situaciones que desafíen tu viejas creencias.

Al trabajar la confianza en ti mismo, puedes practicar para eliminar las creencias negativas asociadas con el síndrome del impostor y reconocer tus logros de manera más objetiva. Reformular estas creencias limitantes no es un proceso rápido, sino un camino de autoconocimiento y crecimiento continuo que requiere práctica y vivir en modo consciente.

APRENDER A ABORDAR LAS DIFICULTADES

Las personas que creen en sus capacidades poseen y manifiestan un mayor grado de motivación ante los retos, no temen fijarse objetivos y elaboran estrategias para superar los obstáculos. Por el contrario, cuando no tienen confianza en sus capacidades, tienden a evitar las situaciones que puedan suponer un esfuerzo o dificultad, no alcanzan la motivación necesaria para asumir nuevos retos y abandonan enseguida ante los obstáculos porque se concentran más en las limitaciones y en la visualización del fracaso. Ante una dificultad, hay personalidades que tienden a atribuir cualquier fallo a causas externas y no a sus capacidades. Es lo que se conoce como *atribución externa*. Los que experimentan el síndrome del impostor, sin embargo, tienden a sentirse culpables ante la dificultad y tienen pensamientos del tipo «no soy suficientemente bueno» o «no me he esforzado lo suficiente», lo que es producto de una forma de pensar que paraliza y bloquea.

Trabajar la **resiliencia mental** ayuda a afrontar los contratiempos y desafíos de manera más constructiva. Al fortalecer la mente, es más fácil recuperarse de los fracasos percibidos y seguir adelante con determinación. Las personas que experimentan el fenómeno del impostor suelen tener diferentes miedos que las paralizan e impiden que asuman algunos desafíos por el temor a ser descubiertas. Reconocer estos miedos, saber gestionarlos y trabajar para superarlos es fundamental para avanzar dejando atrás el sentimiento de impostura.

SUPERAR EL MIEDO AL FRACASO

El miedo al fracaso a menudo paraliza e impide que las personas tomen riesgos o intenten nuevas oportunidades que podrían llevarlas al éxito. Este temor está muy presente en las personas que experimentan el síndrome del impostor, pues tienen la creencia de que si fracasan, van a defraudar a los que han confiado en ellas y pondrá en evidencia su falta de capacidad. Para superar este miedo es importante que sigas estos pasos:

- **Reconoce y acepta el miedo al fracaso**. Lo primero que necesitas es ser consciente de que lo tienes y que lo aceptes como una emoción natural presente en la mayoría de las personas.

- **Cambia tu percepción del fracaso**. Entiende el fracaso como una parte muy importante del proceso de aprendizaje en lugar de como algo catastrófico que puede arruinar tu vida. Piensa en él como una oportunidad para aprender, crecer y entender mejor tus limitaciones y habilidades. Si te tienes que enfrentar a un fracaso, identifica qué pudo fallar y aplica este aprendizaje en acciones futuras.

- **Establece metas realistas**. Evita plantearte retos inalcanzables. Sé consciente de tus habilidades y puntos fuertes para establecer tus metas. Estas deben ser acordes a tus capacidades y circunstancias. Más adelante tendrás algunas indicaciones de cara a establecer metas adecuadas.

- **Visualiza el éxito**. Dales la vuelta a tus pensamientos negativos y, en vez de visualizarte fracasando, imagínate alcanzando tus metas y superando obstáculos. Esto puede ayudar a fortalecer tu confianza y animarte a seguir adelante.

- **Enfréntate a tu miedo al fracaso**. El miedo no desaparece por más que intentes olvidarlo. Solo hay un modo de superarlo, y es exponiéndote a él. Comienza por pequeños desafíos y aumenta gradualmente la dificultad y tamaño de los retos a los que te enfrentas. Poco a poco te irás acostumbrando a gestionar tus emociones y seguir adelante a pesar de la existencia de ese miedo a fallar.

- **Celebra cada pequeño éxito**. Cada vez que aceptes un desafío, a pesar de que exista la posibilidad de fallar, celebra tu valentía y ten presente que eso te acerca cada vez más a tu meta.

Superar el miedo al fracaso requiere de paciencia, perseverancia y una práctica continuada. Siguiendo estos pasos, no solo puedes gestionar mejor tu miedo al fracaso, sino también mejorar tu capacidad para tomar riesgos calculados y perseguir tus metas con mayor confianza.

SUPERAR EL MIEDO A LA CRÍTICA

El temor a la crítica puede limitar las oportunidades de crecimiento y de probar nuevas experiencias. Tener miedo a sentirse juzgado o rechazado si se expresan las opiniones o se comparten en público las ideas, te impide ser tú mismo. A muchas personas que sienten el síndrome del impostor les preocupa ser el centro de atención, por los comentarios que pueden hacer de ellas, y porque se sienten más vulnerables al exponerse, ya que creen que es más fácil que en estas circunstancias descubran que son un fraude.

Es importante liberarse del qué dirán y tener en cuenta que lo que otros dicen de ti habla de sus prejuicios, de su historia y de su forma de interpretar las cosas, pero no cambia en nada tu valía real. Para superar el miedo a la crítica, sigue estos pasos:

- **Reconoce y acepta que tienes miedo a que te juzguen**. Identifica tu miedo a la crítica y acepta que es una emoción natural. Comprender que casi todo el mundo experimenta en algún momento este temor puede ayudarte a sentirte menos aislado con tus sentimientos. Acepta que tienes miedo, pero no dejes que tome el control. Pregúntate: ¿no lo hago porque no tengo nada que aportar o porque temo ser juzgado? Si es lo segundo, acepta que sentirás miedo en tus actuaciones, pero sigue adelante y enfréntate a él, porque no va a desaparecer por sí solo.

- **Entiende la naturaleza de la crítica**. Diferencia entre las críticas constructivas y destructivas. Las primeras son específicas, centradas en comportamientos y ofrecen sugerencias para la mejora, mientras que las segundas son vagas, personales y no proporcionan ninguna orientación útil. Céntrate en las críticas constructivas y en las mejoras que puedes aplicar a tu desempeño y desestima las destructivas, que no te aportan nada para tu crecimiento y desarrollo.

- **Reformula la crítica**. Si la crítica es constructiva, quédate con la enseñanza que puedes obtener de ella y no la tomes como un ataque personal, pues eso solo te hará sentir mal, te pondrá a la defensiva y perderás una información valiosa que te puede hacer mejorar. Tómate un tiempo para reflexionar sobre la crítica recibida antes de reaccionar.

- **Limita tu exposición**. Tan importante es aprender a aceptar la crítica constructiva, como saludable alejarse de entornos excesivamente críticos o negativos que no contribuyen a tu bienestar. Procura alejarte de espacios donde no obtienes una retroalimentación que te ayude a mejorar y crecer.

- **Fortalece la confianza en ti mismo**. Si trabajas en fortalecer la confianza en ti mismo y en aumentar tu autoestima valorando tus habilidades, es más fácil que estés receptivo a las críticas sin que afecten negativamente a tu autoconcepto.

- **Practica la exposición gradual.** Ya sabes que la única forma de superar los miedos es exponerte a ellos. Vete enfrentándote a situaciones donde puedas ser criticado, comenzando por escenarios de un riesgo menor y avanzando a desafíos más grandes. Aprender a ir regulando tus emociones en momentos diferentes te ayudará a afrontar tu miedo y a ir perdiendo el temor a recibir críticas.

Recuerda que es imposible agradar a todo el mundo en todo momento. Las opiniones son subjetivas y lo que para unas personas es un error, para otras es un acierto. Aprender a aceptar e interiorizar esto puede hacer que tu miedo a la crítica pierda intensidad.

SUPERAR EL MIEDO A DESTACAR

El miedo al éxito, o a destacar, implica preocupaciones sobre cómo cambiarán las expectativas y las responsabilidades con el triunfo, así como temor a despertar la envidia de los demás. Es un desafío emocional que puede limitar el progreso y el crecimiento personal y profesional. Este miedo está presente en personas con el síndrome del impostor, y suele ser muy frecuente en los casos en el que uno es el primero en tener éxito, bien en su familia o en su entorno social. Si este es tu caso, seguir los pasos indicados a continuación puede ayudarte a gestionar mejor este sentimiento:

- **Busca la raíz del miedo**. Reflexiona sobre las razones específicas por las que temes destacar. ¿Tienes miedo a despertar envidias y ser rechazado, al cambio que va a suponer en tu vida, a la responsabilidad adicional que conlleva o a no poder cumplir con las expectativas futuras? Entender cuál es la raíz del miedo es el primer paso para afrontarlo correctamente.

- **Cambia tu percepción del éxito**. Contémplalo como una oportunidad para crecer o influir positivamente en tu comunidad en vez de verlo como un potencial desencadenante de mayor presión social o rechazo.

- **Cultiva una mentalidad de crecimiento**. Define claramente qué significa el éxito para ti y cultiva una mentalidad que valore el crecimiento continuo sobre la perfección. Acepta desafíos, aprende de tus errores y celebra cada pequeño logro.

- **Fortalece tu autoestima**. Trabaja en fortalecer tu autoestima y confianza en ti mismo, porque si estás seguro de tus habilidades, es menos probable que el miedo al éxito te impida aceptar oportunidades para destacar.

- **Utiliza afirmaciones positivas**. Refuerza la confianza en tu capacidad para saber gestionar el éxito manejando afirmaciones positivas, como «el éxito me permite contribuir positivamente en mi entorno» o «puedo afrontar nuevos desafíos».

- **Habla sobre tus miedos**. Compartir tus preocupaciones con personas de tu confianza te ayudará a obtener otras perspectivas valiosas y disminuirá la presión y la carga emocional de tus miedos. Identifica personas que hayan manejado el éxito de manera que admires, y así tendrás un marco de referencia y estrategias prácticas para afrontar tu miedo.

- **Prepárate para el cambio**. Según vaya aumentando el éxito en tu carrera, prepárate para los cambios que puedan venir asociados con ese progreso. Planificar cómo manejarás el aumento de responsabilidades, o la mayor atención que recaerá sobre ti, puede ayudarte a sentir más control y menos temor.

- **Aprende a manejar la envidia y las críticas**. Acepta que el éxito puede entrañar tanto comentarios positivos como negativos. Aprende a aceptar las críticas constructivas e ignorar los comentarios destructivos para mantener tu bienestar emocional.

Aprender a abordar las dificultades es un proceso vital en el desarrollo personal y profesional que implica reconocer, entender y manejar eficazmente los desafíos y obstáculos que se encuentran en la vida. Este aprendizaje es esencial no solo para superar los problemas inmediatos, sino para cultivar la resiliencia, el crecimiento y la adaptabilidad a largo plazo. Si experimentas el síndrome del impostor, afrontar los diferentes miedos que tienes a exponerte y ser descubierto te ayudará a gestionar mejor tu sentimiento y a ir dejándolo atrás.

COMPARTIR LOS SENTIMIENTOS

El síndrome del impostor puede favorecer el aislamiento, por eso es importante ser consciente de ello y tratar de compartir esos sentimientos con otras personas.

En lugar de interiorizar las emociones, es bueno reconocer que se tienen y seguir adelante. Cuando se mantiene en secreto el sentimiento, este crece y se va haciendo cada vez más grande y difícil de manejar. Al compartir se reconoce, lo que constituye el primer paso de la superación. Además, puede que te encuentres con otra persona que también experimente este síndrome, o lo haya tenido en alguna ocasión, con lo que te sentirás más comprendido y liberado.

ESTABLECER RELACIONES SALUDABLES

Mantener relaciones saludables, ya sean amistades, familiares, profesionales o de pareja, es crucial para el bienestar emocional de las personas. Tener en quien confiar en momentos de miedo, dudas o crisis puede mejorar la capacidad de manejar el estrés y salir adelante a pesar de las adversidades. Estar conectado con otros disminuye igualmente la aparición de síntomas relacionados con la ansiedad y la depresión. Ser valorado y respetado mejora significativamente la autoestima y la imagen que *a priori* se tiene de uno mismo. Las relaciones sanas a menudo ayudan a ver lo mejor de nosotros mismos y pueden reforzar la sensación de identidad y pertenencia.

Para los que experimentan el síndrome del impostor es muy importante encontrar personas en quienes confiar y con las que se pueda hablar abiertamente de lo que se está experimentando sin miedo a ser juzgadas. Hay tres elementos clave para establecer estas relaciones: confianza, respeto mutuo y comunicación efectiva.

- La **confianza** es la base de cualquier relación saludable tanto en el entorno profesional como personal. Es necesario tener la seguridad de que la información confidencial se va a manejar con discreción, que en momentos de conflicto el foco estará dirigido hacia las soluciones en lugar de a las culpas y saber que la fiabilidad y la honestidad están garantizadas en la relación. La base de honestidad es fundamental.

- El aprecio, **el reconocimiento y el respeto mutuo** son también fundamentales en una relación. Todos necesitamos ser valorados, así que recuerda que el agradecimiento consciente por los esfuerzos y reconocimiento de las habilidades es algo que debe estar presente en una relación sana.

- La **comunicación** es otro elemento muy importante en una buena relación. Practicar la escucha activa cuando los demás están hablando, sin interrumpir y tratando de entender realmente lo que la otra persona está diciendo, hablar expresando los sentimientos de manera clara y respetuosa y ponerse en el lugar de los otros para entender mejor sus perspectivas fortalecerá del mismo modo los lazos de la relación. Establecer límites saludables en la relación es otro aspecto básico. Para ello hay que comunicar las necesidades y límites de manera clara, respetando también los que los otros marcan. Fomentar la comunicación desde el respeto genera empatía.

PRÁCTICA.
ESTABLECE RELACIONES SALUDABLES

1. Haz una **lista de las relaciones más impor-tantes** que actualmente tengas en tu vida.

2. Tómate un tiempo para **reflexionar sobre cada una de ellas**:

    ▪ ¿Qué me hace tener confianza en esa persona?

    ▪ ¿Me siento seguro al contarle mis secretos?

    ▪ ¿Me escucha con atención plena cuando hablo?

    ▪ ¿Entiende realmente mis sentimientos?

    ▪ ¿Se pone en mi lugar? ¿Respeta mis límites?

    ▪ Piensa en momentos concretos en los que te haya manifes-tado su agradecimiento o reconocido alguna de tus habili-dades. ¿Qué sentiste en esas ocasiones?

    ▪ Anota los puntos que más valoras en esas relaciones..

    ▪ ¿Cambiarías algo? Apúntalo también.

3. Reflexiona ahora acerca de cuál es tu **comportamiento con las personas con las que te relacionas**.

    ▪ ¿Las escuchas con atención plena cuando hablan?

    ▪ ¿Entiendes realmente sus sentimientos?

    ▪ ¿Te pones en su lugar? ¿Respetas sus límites?

    ▪ ¿Cuándo has agradecido o reconocido sus habilidades?

    ▪ Revisa la lista que has elaborado con los puntos que más va-loras en tus relaciones. ¿Ofreces lo mismo?

    ▪ Lee ahora los cambios que propones ¿Qué parte depende de ti? ¿Podrías mejorar algo en tu forma de actuar?

4. **Haz una valoración final** después de haber reflexionado:

    ▪ Si son valiosas y saludables, ten en cuenta todo lo que has apuntado anteriormente para mejorar los aspectos más dé-biles y mantener los positivos.

    ▪ Si has llegado a la conclusión de que no se trata de una rela-ción saludable, apártate de ella.

Cuando se experimenta el síndrome, hablar de tus sentimientos con personas de confianza será liberador. No temas la evaluación de otros, busca retroalimentación positiva de aquellos en los que confías que te permita mejorar y crecer. No te aísles y relaciónate de manera saludable.

PEDIR AYUDA

La mayoría de las personas se sienten orgullosas de ser independientes y de tener la capacidad de resolver problemas por ellas mismas. Nadie tiene todas las habilidades y solicitar ayuda es un signo de fortaleza que:

- **Fomenta el aprendizaje y el crecimiento personal**. Ofrece la oportunidad de aprender de otros que tienen más experiencia o conocimientos diferentes, y permite adquirir nuevas habilidades y perspectivas. Este aprendizaje facilita el crecimiento personal y profesional.

- **Reduce el estrés y la sobrecarga de trabajo**. Cuando se trata de llevar adelante todo, sin ayuda, es posible que se produzca una sobrecarga de trabajo, lo que aumenta el estrés y puede causar agotamiento. Distribuir las cargas de trabajo al pedir ayuda alivia la presión y hace que la persona sea más efectiva en las tareas.

- **Mejora la eficiencia y la efectividad**. Pedir ayuda a alguien que ya tiene la experiencia o las herramientas necesarias para resolver un problema de manera eficiente beneficia el proyecto y la productividad.

- **Fortalece las relaciones y fomenta el apoyo mutuo**. Al solicitar ayuda se fomenta un ambiente de trabajo colaborativo que permite demostrar a los demás que se valoran sus conocimientos, y favorece que ellos también se sientan cómodos solicitando apoyo cuando lo necesitan, lo que incrementa el apoyo mutuo.

- **Permite aceptar la vulnerabilidad**. Ser capaz de mostrar vulnerabilidad al pedir ayuda aumenta la autenticidad y te hace más accesible a los demás. Lejos de ser una debilidad, es una fortaleza que humaniza.

- **Mejora la toma de decisiones.** Con esta práctica se tiene acceso a diferentes puntos de vista, lo que enriquece la información para tomar una decisión adecuada. Tener múltiples perspectivas permite considerar opciones y consecuencias que quizá no se hubieran podido identificar por uno mismo.

PRÁCTICA.
PIDE AYUDA

1. **Identifica exactamente lo que necesitas**:

   ■ Reflexiona acerca de qué es exactamente lo que precisas o dónde necesitas apoyo. Esto te permitirá formular tu petición de manera efectiva.

2. **Elige a la persona adecuada y prepara tu petición**:

   ■ Escoge a alguien que tenga la experiencia, las habilidades o los recursos necesarios para ayudarte. Considera, igualmente, que esté dispuesta a prestarte su apoyo.

   ■ Haz tu petición siendo específico sobre lo que necesitas para que la ayuda sea más efectiva:

     ○ «Me gustaría conocer tu opinión acerca de…»,

     ○ «¿Podrías ayudarme con…?».

3. **Acepta la retroalimentación y agradece**:

   ■ Mantén una actitud receptiva a cualquier asesoramiento que te ofrezca la otra persona. Además de proporcionarte perspectivas nuevas, mostrarás que valoras muy positivamente su aportación.

   ■ Muestra aprecio por la ayuda prestada y agradece.

Si practicas estos pasos, seguramente te sentirás más cómodo al solicitar ayuda y esta será más efectiva. Empieza con pequeñas cosas cotidianas. Verás que los demás también se sienten valorados cuando solicitas su apoyo, y esto no te hará menos capaz o autosuficiente. Cuando se padece el síndrome del impostor, pedir ayuda resulta a veces más complicado por miedo a mostrar que no se es capaz. Aunque ya sabes, los miedos se superan exponiéndose a ellos y practicando.

MANTENER EL EQUILIBRIO A LARGO PLAZO

El sentimiento del impostor no tiene por qué ser permanente en el tiempo. Es posible experimentarlo solo en algún momento específico de la vida. Poner en práctica las estrategias que se han ido exponiendo a lo largo del capítulo ayudará a mejorar la autoestima, fortalecer la confianza en uno mismo, detectar y cambiar los pensamientos negativos por afirmaciones positivas, eliminar creencias limitantes o superar diferentes miedos y, con ello, el síndrome del impostor puede ir quedando atrás. No es fácil porque el camino exige paciencia, constancia y práctica para manejar sus efectos, superar el desafío y experimentar bienestar emocional.

Mantener el equilibrio a largo plazo requiere aceptar que la perfección no existe, que es algo inalcanzable, y que los errores no son pruebas de incompetencia, sino algo natural en el camino de aprendizaje y desarrollo que es la vida. Tampoco hay que perder de vista dos aspectos clave que se deben respetar para ir más allá y superar el reto: establecer metas realistas y celebrar los logros.

ESTABLECER METAS REALISTAS

Plantearse unas metas realistas supone tener un desafío que mantiene la motivación en el esfuerzo. Si las metas son demasiado altas y poco realistas, uno puede sentirse abrumado y desmotivado rápidamente. Si son demasiado bajas, es posible que no ofrezcan el estímulo necesario para lograr un compromiso. Las metas poco realistas pueden alimentar los sentimientos de fracaso y fraude. Sin embargo, establecer unas metas realistas y alcanzables tiene un impacto significativo en la percepción del éxito y en el bienestar.

Algunas consecuencias positivas de marcarse metas adecuadas es que dan un sentido claro de dirección, y saber hacia dónde te diriges facilita la organización de los esfuerzos y recursos de manera efectiva. También ayudan a evitar distracciones y a concentrarse en lo que es más importante para alcanzar los objetivos, y permiten medir el progreso y realizar ajustes si fuera necesario. Todo esto optimiza el uso del tiempo y los recursos y mantiene la motivación.

Saber que las metas son alcanzables disminuye el miedo al fracaso, reduce la ansiedad y permite disfrutar más del proceso. Además, cada objetivo alcanzado prepara mejor para desafíos futuros y fortalece la confianza y la capacidad para alcanzar metas más ambiciosas con el tiempo. Cada éxito refuerza tu autoestima y te motiva a continuar esforzándote.

Establecer metas realistas es fundamental para todas las personas, pero si, además, tienes el síndrome del impostor, constituye un aspecto prioritario para empezar a superar tus miedos y ser consciente de la realidad y de tus logros. Ten en cuenta cuatro aspectos clave:

- **Evalúa primero tus recursos y limitaciones actuales**. Asegúrate de que tus metas son alcanzables dentro de tus circunstancias.

- **Divide el proceso en metas más pequeñas**. Para conseguir el objetivo final es muy importante marcarse metas intermedias que faciliten el enfoque y permitan reajustes si son necesarios.

- **Obtén retroalimentación**. Amigos, compañeros o personas de confianza pueden indicarte si ven esas metas objetivas y razonables.

- **Sé flexible**. Debes estar dispuesto a ajustar tus metas según evolucionen las circunstancias. Mantener una meta fija si las condiciones han cambiado es una buena garantía de no alcanzarla.

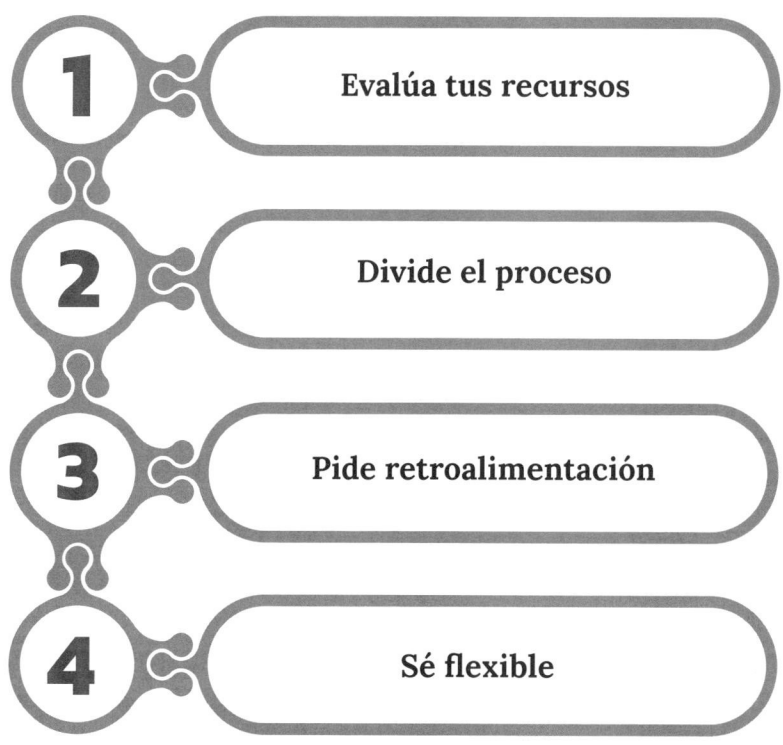

1. Evalúa tus recursos

2. Divide el proceso

3. Pide retroalimentación

4. Sé flexible

PRÁCTICA.
ESTABLECE METAS REALISTAS

1. **Define primero qué quieres lograr**:

   ■ Considera lo que realmente ansías alcanzar.

   ■ Sé específico en lo que buscas conseguir. Evita ambigüedades.

   ■ Formula tu objetivo en positivo.

2. **Evalúa la situación actual** antes de fijar tu meta y sé consciente de tu punto de partida:

   ■ Examina tus habilidades y recursos.

   ■ Ten en cuenta también las limitaciones o factores que podrían influir en tu capacidad para alcanzar la meta.

3. **Utiliza el método SMART** para establecer tus metas. Es una herramienta eficaz para definir objetivos claros y alcanzables:

   ■ *Specific* (específico). Las metas deben ser concretas y estar claramente definidas. No es lo mismo algo genérico como «quiero mejorar en mi carrera» que algo más concreto, como por ejemplo: «quiero dirigir este departamento».

   ■ *Measurable* (medible). El objetivo debe poder medir el progreso y el resultado. La consecución del mismo no es algo subjetivo.

   ■ *Achievable* (alcanzable). Debe ser una meta alcanzable, considerados los recursos del momento.

   ■ *Relevant* (relevante). Tiene que ser importante para ti, además de concordar con tus valores y objetivos a largo plazo.

   ■ *Timely* (tiempo limitado). Es imprescindible marcar un tiempo para alcanzar la meta.

4. **Escribe tus metas** y ponlas por escrito. Esto te ayudará a que sea algo más tangible y te compromete a alcanzarlas.

5. **Desglosa tus metas en objetivos parciales**. Si tienes una meta final grande, divídela en objetivos parciales y tareas específicas para hacerla más operativa y alcanzable.

6. **Establece un plan de acción** para cada una:

   ▪ Determina pasos claros que necesitas seguir.

   ▪ Asigna plazos para cada uno de ellos.

   ▪ Ten en cuenta en el plan los obstáculos posibles.

   ▪ Piensa cuáles son las personas con las que tendrás que contar.

7. **Revisa y ajusta regularmente**, pues las circunstancias o tus intereses pueden cambiar. Los ajustes te ayudarán a mantener estas metas como algo realista y alcanzable.

Si compartes estas metas con amigos, familiares o personas de confianza, pueden ofrecerte apoyo, sugerencias, nuevas perspectivas que no has considerado y que posiblemente te ayuden a alcanzar tus objetivos. Estableciendo metas realistas no solo te preparas para el éxito, sino también reduces la frustración y el estrés que pueden surgir de objetivos poco realistas. También serás más consciente de tus logros, de cuál ha sido tu camino para conseguirlos y te sentirás merecedor de ellos. A estas alturas, ya casi no quedarán restos del síndrome.

CELEBRAR LOS LOGROS

Reconocer y celebrar cada éxito es una práctica esencial que tiene múltiples beneficios, a nivel personal y profesional. Dedicar tiempo para reconocer y festejar los logros no solo proporciona satisfacción y alegría, sino que fortalece la motivación y la confianza en la capacidad de alcanzar objetivos futuros. Una de las características que tienen las personas que experimentan el síndrome del impostor es la dificultad para aceptar sus éxitos y sentirse merecedoras de ellos, por eso es algo que deben poner en práctica comprometiéndose a festejar cada éxito, por pequeño que sea.

Algunas de las **razones** por las que es importante celebrar y reconocer los logros son:

• Permite el reconocimiento del esfuerzo y la dedicación invertidos.

• Actúa como refuerzo positivo.

• Impulsa el rendimiento y fomenta un mayor compromiso con los objetivos.

- Mejora el bienestar psicológico: aumenta la autoestima, la felicidad y la satisfacción con la vida.

- Permite reflexionar sobre lo que se ha alcanzado y cómo se ha conseguido.

- Aumenta la motivación para desafíos futuros.

- En el caso de equipos, fortalece el espíritu de grupo.

Así que, cada vez que logres un triunfo, por pequeño que sea, no lo pases por alto ni le quites valor. Compártelo con tus seres queridos y celébralo. Te puede ayudar apuntar en un cuaderno los éxitos que vas logrando, los elogios que recibiste por cada uno de ellos, lo que sentiste y cómo lo celebraste. Cuando tengas dudas acerca de si te mereces tus éxitos, toma el cuaderno y repasa los triunfos conseguidos, los elogios y cómo te sentiste cada vez que alcanzaste uno y lo celebraste. Apúntate una afirmación final en tu cuaderno y repítela en alto cada día:

«Me permito brillar».

MANIFESTACIONES EN DIFERENTES ÁMBITOS

El síndrome del impostor puede sentirse en cualquiera de las áreas de la vida: académica, profesional y personal. No es exclusivo de un ámbito determinado. A veces se manifiesta en situaciones o frente a desafíos muy particulares. En este capítulo vamos a analizar con más detalle cuáles son algunos de estos casos específicos, y detallaremos varias estrategias para que la mente juegue a favor y no potencie el sentimiento del impostor y los pensamientos negativos y dudas que trae consigo.

ÁMBITO ACADÉMICO

En el ámbito académico, tanto alumnos como docentes pueden experimentar el síndrome del impostor. Es posible que los estudiantes tengan dudas de su valía cuando se enfrentan a desafíos en sus estudios, son evaluados o se comparan con los avances de sus propios compañeros. Quizá lleguen a sentir que no son lo suficientemente inteligentes o competentes para tener éxito en sus carreras a pesar de sus esfuerzos y logros. Los docentes, por su parte, se encuentran en el punto de mira tanto de sus alumnos y sus padres como de la propia institución académica. Esta presión constante, acompañada en ocasiones de críticas, puede hacer que se sientan inseguros de su valía para la enseñanza y duden de sus capacidades para alcanzar las expectativas que se ponen en ellos. Es posible que, ante esta situación, algunos experimenten, por lo menos en algún momento de su vida, el síndrome del impostor.

A continuación, vamos a analizar con un poco más de detalle cómo en situaciones muy concretas este fenómeno afecta a estudiantes y docentes, y de qué manera estos últimos pueden ayudar a sus alumnos a prevenir su aparición o amortiguar ese sentimiento.

LA CARRERA DEL ESTUDIANTE

Durante la larga carrera del estudiante son muchos los momentos en los que la tensión por obtener buenos resultados, por cumplir con las expectativas puestas en él y por la necesidad de superarse para labrarse un futuro pueden favorecer que las personas más propensas a experimentar el sentimiento del impostor desarrollen este síndrome. El inicio de estudios superiores es un momento especialmente estresante para los estudiantes. Saben que supone la transición a un entorno académico más riguroso y competitivo, y es posible que se sientan inseguros acerca de si están preparados para tener éxito en este nuevo escenario. De la misma forma, cuando deciden cambiar de carrera o especialización y entrar en un campo en el que no tienen experiencia previa, puede provocar que se cuestionen si son suficientemente capaces. Y no hay que olvidar que, durante sus estudios, cada examen se presentará como un nuevo desafío.

Estos son los momentos más críticos para los estudiantes que tienen el síndrome del impostor:

- **Paso de un nivel educativo a otro superior**. Las nuevas expectativas que se presentan en la transición de un nivel educativo a otro y el aumento de la carga de trabajo pueden generar a estos estudiantes dudas respecto a su capacidad para cumplir con estos desafíos.

- **Exámenes importantes y evaluaciones**. Los exámenes de ingreso a la universidad, o los exámenes finales, son momentos especialmente difíciles por el temor a un fracaso y a que pueda suponer un retraso en su carrera. Los estudiantes con síndrome del impostor pueden sentir que no han trabajado lo suficiente y que no conseguirán, o no se merecen, una buena calificación, a pesar de haber dedicado muchas horas al estudio y preparación del mismo. Además, las evaluaciones negativas de profesores pueden interpretarlas como una evidencia de su propia incompetencia.

- **Proyectos especiales**. Asumir proyectos o responsabilidades importantes dentro de sus programas académicos, como liderar un equipo de investigación, publicar un artículo o presentar públicamente algún trabajo o estudio puede aumentar su autoexigencia y su sensación de ser unos impostores.

- **Competencia académica**. En los entornos más competitivos, los estudiantes pueden sentirse inferiores ante las habilidades y éxitos aparentes de sus compañeros. Es posible que esto les lleve a cuestionar su valía y grado de competencia, sobre todo si tienen dificultades o no alcanzan los mismos niveles de otros con los que se comparan.

EL SENTIMIENTO EN DOCENTES

Los docentes pueden experimentar el síndrome del impostor debido a una combinación de presiones externas e internas relacionadas con las expectativas profesionales, la comparación con otros, la evolución en el campo educativo y las experiencias pasadas. Es importante que reconozcan si les está afectando alguno de estos factores:

- **Altas expectativas sociales y profesionales**. La enseñanza es una profesión que tiene un alto impacto en los estudiantes y en la sociedad. Los docentes pueden sentir la presión de padres o incluso de la propia institución educativa por alcanzar altos estándares de calidad, y es posible que teman no responder adecuadamente a esas expectativas.

- **Evolución constante de las metodologías de enseñanza**. El campo educativo está en constante evolución, con nuevas metodologías, aplicación de las tecnologías y nuevos enfoques pedagógicos. Los docentes pueden sentir la presión de tener que mantenerse constantemente actualizados y percibir por ello que no saben lo suficiente. Es posible que tengan miedo a que sus propios alumnos puedan ponerlos en evidencia ante el empleo de determinadas herramientas tecnológicas.

- **Críticas y falta de reconocimiento**. Los docentes se enfrentan a veces a críticas por parte de padres, estudiantes o de la administración, y pueden sentir una falta de reconocimiento de su trabajo. Esto influye de una manera muy negativa en aquellos que tengan una predisposición a experimentar el síndrome del impostor.

- **Comparación con otros docentes**. La comparación con los demás, tan presente en las personas que dudan de sus capacidades, puede originar que algunos docentes se sientan inferiores si perciben que otros compañeros están más capacitados o tienen más recorrido.

- **Experiencias pasadas de fracaso**. Dificultades experimentadas en el aula o críticas recibidas en el pasado pueden generar dudas y pensamientos negativos recurrentes en los docentes. Es posible que interioricen estos hechos como una prueba de su incompetencia y que sus sentimientos de impostores crezcan.

Si eres docente y necesitas gestionar este sentimiento de impostor, es importante que te **centres en el proceso de enseñanza y aprendizaje**, y no solo en los resultados. De este modo, podrás disfrutar más del proceso de enseñar, aprender y crecer junto con tus alumnos, disminuirá la presión autoimpuesta y aumentará tu sentido de satisfacción y realización. Por otro lado, es fundamental que reconozcas y valores tus logros y los tengas presentes, que desafíes los pensamientos negativos, cultives la autoconfianza y aceptes la imperfección y los errores como parte del aprendizaje.

Además, experimentes o no el síndrome del impostor, puedes encontrarte con alumnos que sí estén sufriendo por ello. Necesitarás trabajar con ellos para crear un ambiente que les genere confianza, se sientan seguros y poco a poco vayan siendo conscientes de su valía. Tu contribución es fundamental para:

- **Enseñar habilidades de autoaceptación**. Ayúdales a manejar los pensamientos negativos y autocríticos asociados con el síndrome del impostor y enséñales habilidades de autoaceptación y autocompasión. Proporciona información sobre recursos disponibles que faciliten a los alumnos la ayuda que necesitan.

- **Normalizar los sentimientos de duda y ansiedad**. Habla abiertamente sobre el síndrome del impostor y explica que es algo común que muchas personas experimentan en algún momento de sus vidas. Normalizar estos sentimientos puede ayudar a tus alumnos a sentirse menos solos y compartir sus dudas y sensaciones.

- **Propiciar un ambiente de aprendizaje seguro y de apoyo**. Crea un ambiente seguro en el aula donde los estudiantes puedan expresar sus dudas y preocupaciones, sin sentirse juzgados. Reforzar la confianza y el respeto mutuo entre compañeros puede reducir la vergüenza de sentirse unos impostores.

- **Fomentar el trabajo en equipo y la colaboración**. Favorece la realización de proyectos grupales para que disminuya la presión individual ante los resultados y aumente el sentido de pertenencia a un grupo. La colaboración y el trabajo en equipo ayudan a los estudiantes a sentirse más seguros y apoyados.

- **Entrenar la resiliencia**. Comparte con ellos tus propias experiencias de afrontar desafíos y aprender de los errores. Ayúdales a comprender que los fracasos forman parte del proceso de aprendizaje y que es posible superar los obstáculos, las dudas y los miedos.

ÁMBITO LABORAL

El síndrome del impostor se manifiesta muchas veces en el ámbito laboral. Es un entorno muy propicio para que las personas inseguras, o muy exigentes consigo mismas, sientan la presión por estar a la altura de los estándares profesionales establecidos y tengan miedo de no alcanzar las expectativas que están puestas en ellas. Al no ser conscientes de su potencial y del valor de su trabajo, se sienten a menudo insatisfechas, y ello puede provocar una disminución de su productividad o llevarlas a trabajar más de la cuenta para justificar sus logros y demostrar que son válidas. Todo esto les causa ansiedad, frustración y puede desembocar en un desgaste profesional (*burnout*).

Tan importante es que los propios interesados sean conscientes de que están experimentando el síndrome del impostor, como que la dirección y personas que tengan a su cargo la gestión de los equipos estén pendientes de que cada miembro tenga claro su valor y contribución en los éxitos logrados. Es esencial mantener una comunicación efectiva y crear un ambiente donde todos, especialmente los que se incorporan a un nuevo puesto, cuenten con el apoyo necesario y ganen confianza.

Casi dos tercios de los profesionales experimentan en algún momento de sus vidas el síndrome del impostor. Altos grados de autoexigencia, comparación con los logros de otros, una dependencia excesiva de la valoración externa para sentirse exitoso y la falta de confianza en uno mismo y en sus competencias propician este sentimiento. Puede manifestarse en cualquier etapa de la carrera profesional, aunque hay unos momentos más críticos para que este fenómeno se presente, como es acceder al primer trabajo, un nuevo proyecto o reto laboral y tras un despido. A continuación, vamos a analizar con un poco más de detalle estos casos, cómo afrontarlos y también de qué modo una buena gestión de los equipos puede prevenir su aparición.

EL PRIMER TRABAJO O UN NUEVO RETO LABORAL

Acceder al mundo laboral es un reto y un desafío para todo el mundo. Si además se tienen inseguridades acerca de los méritos personales, esta tarea se hace todavía más difícil. La búsqueda del primer empleo, participar en entrevistas de trabajo, acceder al primer puesto de desempeño profesional o un ascenso o nueva propuesta laboral son momentos donde el síndrome del impostor puede aparecer. Si te encuentras en alguno de estos casos, es fundamental que no te enfoques en lo negativo y refuerces con ello tus pensamientos críticos. Pon tu atención en los hechos objetivos y apóyate en tus fortalezas para mejorar y seguir tu camino hacia el éxito.

- **Rechazo de tu candidatura**. Si después de una entrevista laboral a la que te han convocado rechazan tu candidatura, es importante que tengas presente que esto no refleja tu valía profesional. Puede haber factores externos a tu desempeño que afectan a esta decisión. Mantén la confianza en tus capacidades, y para ello es importante que:

  - **No personalices el rechazo**. A menudo, esta decisión puede estar relacionada con una competencia muy alta en el proceso de selección o la idoneidad de tu candidatura en ese momento específico.

  - **Aprendas de la experiencia**. Reflexiona acerca de la entrevista que mantuviste y busca áreas en las que puedas mejorar. En las ocasiones que se presten a ello, considera la posibilidad de que el entrevistador te dé una retroalimentación constructiva para comprender mejor por qué no te han seleccionado y que te permita mejorar de cara al futuro.

  - **Mantengas una mentalidad positiva**. Ten presente tus logros, fortalezas y habilidades. Acepta que el rechazo forma parte del proceso de la búsqueda de empleo y que con cada experiencia aprendes y te acercas más a conseguir tu objetivo de encontrar un trabajo.

  - **Compartas tus sentimientos**. Es muy importante que compartas tus sentimientos y preocupaciones con familiares y amigos. Ellos te ayudarán a mantener una perspectiva positiva sobre tus capacidades y oportunidades futuras.

  - **Continúes con la búsqueda de empleo**. Un rechazo no es el fin de las oportunidades. No te desanimes en la búsqueda de empleo, continúa barajando otras opciones y sigue presentándote a más puestos que sean adecuados para poder desarrollar tus habilidades.

- **Primer trabajo**. El primer trabajo es un momento de gran satisfacción, también de dudas, aunque si padeces el síndrome del impostor, puede que se te haga un poco más cuesta arriba. Si este es tu caso, ten presente:

- **Reconoce tus logros y habilidades**. Si te han selecciona-do, se debe a alguna razón, no te han regalado nada. Tienes ese trabajo porque han confiado en ti. Posees habilidades y competencias que te hicieron destacar frente a otros candi-datos. Prepara una lista de tus logros, fortalezas y habilidades y tenlas presentes.

- **Acepta tu nerviosismo**. Es normal sentirlo ante un primer reto laboral. Reconoce tu emoción y recuerda que todas las personas necesitan un tiempo de adaptación.

- **Pide ayuda cuando la necesites**. Preguntar no es una señal de debilidad, sino de compromiso y disposición para apren-der. Recuerda que todas las personas a las que respetas en tu campo profesional empezaron sin saber nada.

- **Establece expectativas realistas**. Evita presionarte en ex-ceso, date tiempo para el aprendizaje, y recuerda que co-meter errores forma parte del proceso. No te juzgues por no ser perfecto.

- **Busca oportunidades de aprendizaje**. Ten presente que nadie nace sabiendo. Participa en programas de capacita-ción y busca retroalimentación de tus superiores o mentores para lograr una mejora continua. No saberlo todo no pone en duda tu valía. Siempre que te encuentres ante algo que no sabes hacer, pronuncia en voz alta: «No lo sé... todavía».

- **Establece relaciones de apoyo**. Tus compañeros y superio-res pueden brindarte orientación y apoyo durante tu adap-tación al nuevo trabajo.

- **Ascenso o nuevo reto profesional.** Es posible que las personas que sienten el síndrome del impostor, cuando son promociona-das porque cumplen sus objetivos con grado de excelencia consi-deren que los obtuvieron porque se trataba de una tarea sencilla, o porque han tenido suerte, y tengan dudas acerca de si están ca-pacitadas para desempeñar los retos del siguiente nivel. Lo mis-mo ocurre ante una nueva propuesta laboral y el desafío de tener que aceptar funciones nuevas y diferentes. Debes tener presente:

  - **El mayor crítico contigo mismo eres tú**. Tu autoevaluación negativa hace que pongas el foco exclusivamente en aquello que desconoces o en lo que no estás tan preparado. Ten cui-dado con no identificar la versión más criticada de ti mismo con la versión que los demás tienen de ti.

- **Desafía tus pensamientos negativos**. Identifica aquellos pensamientos que te hacen sentir como un impostor y cámbialos por pensamientos más realistas y positivos. Céntrate en los hechos y verdades observables, y no en la interpretación que haces de ellos.

- **Acepta la oportunidad como un desafío de crecimiento**. En vez de ver el ascenso o la nueva oportunidad laboral como una amenaza, acéptalos como un desafío para crecer y desarrollarte profesionalmente.

- **Continúa aprendiendo**. Aprovecha todas las oportunidades de aprendizaje. En lugar de sentirte inferior cuando veas los éxitos que tienen otros, fíjate en qué puedes aprender de ellos. Que sean mejores que tú en algunos aspectos no te hace menos valioso. Seguramente también seas un referente para otros con tus habilidades.

- **Cultiva la confianza en ti mismo**. Enfócate en tus habilidades y logros. Visualízate teniendo éxito en tu nuevo desempeño laboral y recuerda que has afrontado desafíos similares con éxito en el pasado. En caso de duda de tus capacidades, recurre a experiencias pasadas y a comentarios que otras personas han hecho. Compara tus pensamientos con pruebas concretas y, si hay algo que mejorar, ponte con ello. Ante tus dudas, plantéate la siguiente pregunta: ¿Hay algún aspecto real que tenga que trabajar o solo estoy dudando de mí mismo?

Los nuevos desafíos se presentan en todos los campos profesionales, no solo en el mundo empresarial. Afectan igualmente a profesiones creativas y artísticas, como veremos al final del capítulo, y también están muy presentes en el mundo deportivo. Superar los éxitos conseguidos y mantenerse al más alto nivel afecta a algunos deportistas que experimentan el síndrome del impostor. Un caso reconocido por él mismo fue el del triatleta británico Alex Lee, que declaró no haberse sentido digno de estar en la línea de salida cuando comenzó a participar en competiciones de máximo nivel. Fue seleccionado para competir en Tokio solo un mes antes de que comenzaran los Juegos Olímpicos, y acudió con la sensación de sentirse un fraude. Obtuvo dos medallas: oro en el relevo mixto y plata en la prueba individual. Los resultados objetivos distaron mucho de la percepción que tenía de sí mismo.

TRAS UN DESPIDO

Un momento especialmente delicado para las personas que experimentan el fenómeno del síndrome del impostor es enfrentarse a un despido. Después de vivirlo, los sentimientos asociados con el síndrome pueden intensificarse. Quienes lo viven pueden **cuestionar sus habilidades y logros pasados** y sentir que el despido es la prueba de que no son buenas en su trabajo, aunque tengan evidencia de lo contrario. Además, es posible que, así como piensan que sus éxitos son atribuibles a causas externas, los fracasos los hagan propios, y esta atribución personal negativa aumentará su convencimiento de que no valen. El despido puede desencadenar un **miedo intenso a futuros fracasos** y hacer crecer el sentimiento de que no serán capaces de encontrar otro trabajo o que serán rechazadas en futuras oportunidades laborales, lo que afecta a su autoconfianza y motivación para seguir adelante.

Al encontrarse apartadas de su trabajo, es muy posible que las personas, que se sentían ya de por sí impostoras, se comparen más con otros profesionales de su campo y se sientan inferiores o que no están a la altura de los estándares de otros compañeros. Si no buscan apoyo en otros, es posible que se aíslen socialmente y no quieran hablar sobre su despido por miedo a ser juzgadas y sentir vergüenza.

Superar el síndrome del impostor después de un despido puede requerir tiempo y esfuerzo, así como buscar apoyo emocional y profesional. Trabajar la autoestima, desafiar los pensamientos negativos y buscar oportunidades para crecer y aprender de la experiencia pueden ser pasos importantes a fin de recuperarse y avanzar en la carrera profesional. Algunas estrategias que te pueden ayudar a superarlo son:

- **Reflexiona sobre tus logros**. Haz una lista de tus logros pasados, habilidades y experiencias laborales positivas. Acuérdate de tus éxitos anteriores para recordarte a ti mismo que tienes talento y valía personal.

- **Acepta el despido como parte del proceso**. Entiende que el despido no necesariamente refleja tu valía como persona ni pone en duda tus habilidades profesionales. A veces los despidos obedecen a causas externas que no tienen nada que ver con tu desempeño.

- **Permítete sentir**. Ante un despido se despiertan una variedad de emociones como tristeza, enojo, vergüenza o ansiedad. Permítete sentirlas y acéptalas como parte del proceso, no trates de ignorarlas.

- **Aprende de la experiencia**. Reflexiona acerca de tus aprendizajes en el trabajo que acabas de terminar y cómo puedes aprovecharlos ante las nuevas oportunidades laborales que surjan. Identifica áreas en las que puedas mejorar y establece metas realistas basadas en tu experiencia.

- **Mantén una mentalidad positiva**. Desafía los pensamientos negativos que puedan surgir y céntrate en todo lo bueno que tienes en tu vida y que no ha desaparecido porque un trabajo haya llegado a su fin. Tu valía sigue intacta, el despido es una situación temporal que no merma tu valoración.

- **Haz planes concretos**. Elabora un plan de acción concreto para encontrar un nuevo empleo. Aprovecha este momento para reflexionar acerca de tus intereses, habilidades y valores con vistas a explorar nuevos caminos.

- **Déjate ayudar.** No te encierres en ti mismo: compartir tus sentimientos y necesidades con amigos, familiares y compañeros puede ayudarte a ganar perspectiva con la situación y aumentar la confianza en ti mismo y en tu futuro.

GESTIONAR UN EQUIPO PARA PREVENIR EL SÍNDROME DEL IMPOSTOR

Dirigir un equipo de manera efectiva no es una tarea sencilla. Cada miembro tiene su propia personalidad, sus experiencias profesionales y personales, así como sus expectativas laborales. Sin embargo, es fundamental promover un ambiente de trabajo saludable y productivo con objeto de fomentar el bienestar laboral y que todos los componentes del equipo tengan la oportunidad de crecer y aportar al grupo. También es importante ayudar a las personas que puedan estar experimentando el síndrome del impostor, para que así sean capaces de gestionar sus dudas internas y superarlo. Si te encuentras al frente de un equipo:

- **Fomenta la transparencia y la comunicación abierta**. Crea un ambiente donde todos los miembros del equipo se sientan cómodos compartiendo sus ideas. Invítales a que participen, valorando sus aportaciones y evitando que se sientan juzgados o criticados por expresarlas. Fomenta la colaboración y el trabajo en equipo y anima a compartir conocimientos y opiniones.

- **Establece expectativas claras desde el principio**. Asegúrate de que todos comprenden cuál es su función, lo que se espera de ellos y cómo pueden contribuir al éxito del equipo. Los objetivos deben quedar claros y ser específicos. Realiza seguimientos con frecuencia, comparte tus comentarios y da orientaciones claras.

- **Favorece el desarrollo profesional**. Brinda oportunidades para que cada miembro pueda desarrollar sus habilidades y tenga la posibilidad de crecer y avanzar en su carrera profesional.

- **Reconoce y celebra los logros**. Haz saber a los miembros de tu equipo que su trabajo es valorado y apreciado. Celebra los logros y explica cómo cada aportación individual ha contribuido al éxito conseguido. Esto puede ayudar a aumentar la confianza en sí mismos y reducir los sentimientos de impostor.

- **Proporciona apoyo emocional**. Favorece un ambiente donde se sientan libres de mostrar sus preocupaciones y ofrece recursos y servicios de apoyo emocional y de gestión del estrés. Reconoce la importancia del bienestar para la salud, fomenta el equilibrio entre la vida personal y profesional y promueve el autocuidado físico y emocional.

- **Sé transparente con tus propias experiencias**. Trabaja en el aprendizaje continuo que ofrecen las experiencias y aprovecha para compartir con ellos los desafíos a los que te has enfrentado, los errores cometidos y lo que has aprendido de ellos. Favorece un entorno en el que no se sientan solos frente a los retos y en el que pierdan el miedo a pedir ayuda.

ÁMBITO PERSONAL Y SOCIAL

El síndrome del impostor puede tener también un impacto significativo en el ámbito personal y social al afectar a la autoestima, bienestar emocional, relaciones interpersonales y oportunidades de crecimiento personal. La familia implica un gran peso en la formación de la identidad personal, como ya hemos visto, e influye en cómo se percibe cada uno y cuál es el modo en el que interpreta la realidad y el mundo que lo rodea. Hay situaciones especiales que pueden aumentar la probabilidad de experimentar este fenómeno, como venir de una familia de éxito o ser el primero que lo alcanza. La relación entre padres y hermanos también afecta a cómo uno se ve a sí mismo y a la idea que se hace sobre las expectativas que los demás tienen de él.

Crecer con inseguridad o con miedo a ser rechazados influye en la manera en la que cada uno se relaciona. Es posible que se reaccione tratando de evitar situaciones sociales o bloqueándose emocionalmente para protegerse de la posible vergüenza o humillación. Las personas que experimentan el síndrome del impostor pueden tener dificultades para interactuar, especialmente en situaciones en las que se sienten expuestas o evaluadas por los demás. Afecta además a sus redes de apoyo, como pareja y amigos, al sentirse incapaz de compartir sus verdaderos sentimientos y experiencias con ellos.

A continuación, vamos a analizar con un poco más de detalle algunas de estas situaciones especiales y cómo afecta este síndrome a las relaciones con el entorno más cercano.

VENIR DE UNA FAMILIA DE ÉXITO

Crecer en una familia de éxito puede proporcionar oportunidades y recursos que ayuden al crecimiento personal, aunque también genera presiones y expectativas adicionales que contribuyan al desarrollo del síndrome del impostor. Las personas que nacen en una familia donde la mayoría de sus miembros son exitosos es posible que se sientan **constantemente comparadas** con los logros de sus padres o de otros familiares, lo que puede generar sentimientos de inferioridad si interpretan que no están alcanzando el mismo nivel de éxito que otros en su familia. También es probable que existan **expectativas demasiado altas** de que ellas logren resultados igual de sobresalientes en al ámbito académico, profesional o social, lo que les puede hacer temer no estar a la altura de lo que esperan de ellas.

Por otro lado, crecer en este entorno familiar puede influir en una **percepción personal distorsionada del éxito y el fracaso**, pues es posible interiorizar la idea de que el éxito es la norma y que cualquier desviación es un fracaso, lo que puede influir en que minimicen sus logros y magnifiquen sus fracasos y el síndrome del impostor crezca en intensidad. Además, la presión de mantener ese estatus social o económico de la familia puede generar ansiedad y temor a defraudar a los familiares si no se logra alcanzar. Todos estos factores **dificultan el desarrollo de una identidad propia**, pues quienes lo viven es posible que sientan la necesidad de cumplir con las expectativas familiares en lugar de seguir sus propios intereses y pasiones, lo que acabará haciendo que no disfruten plenamente de su vida.

Si te encuentras en una situación parecida a la descrita, algunas estrategias que te pueden ayudar a superarlo son:

- **Reconoce tus logros**. Siéntete orgulloso de tus logros, independientemente de los de tu familia, y celebra cada triunfo. Identifica tus fortalezas y habilidades personales.

- **Desarrolla una identidad propia**. Explora tus propios intereses y pasiones más allá de los éxitos o expectativas de tu familia. Busca formas de expresar tu identidad y crecer como individuo.

- **Celebra tus diferencias**. Aprende a valorar lo que te hace especial y único y te diferencia de tu familia, y apóyate en ello.

- **Establece tus propias metas**. Define metas que sean realistas, significativas para ti y que estén alineadas con tus valores y aspiraciones personales. Concéntrate en tus objetivos y en lo que quieres lograr en tu vida. Evita compararte constantemente con tu familia. Tu vida te pertenece y tienes que encontrar tu propósito en ella.

Recuerda que tu valía como persona no está determinada por los logros de tu familia. Eres valioso por ti mismo. Trabaja en construir una vida significativa y auténtica que refleje tus valores y aspiraciones.

SER EL PRIMERO EN TENER ÉXITO

Cuando una persona es la primera en tener éxito en su familia, o en su entorno social, el síndrome del impostor puede manifestarse de distintas maneras debido a la falta de modelos a seguir y a la presión adicional de mantener el éxito. Esta circunstancia aumenta la posibilidad de que quien lo experimenta se **sienta solo o aislado**, especialmente si no tiene a nadie con quien relacionarse y compartir experiencias similares, lo que le provoca mayor inseguridad y dudas de su propia valía. Si la familia o entorno no está acostumbrada al éxito, o no sabe cómo apoyar a la persona que lo ha tenido, la sensación de soledad es posible que aumente. Por otro lado, la **presión por mantener ese éxito** puede generarle miedo al fracaso o a defraudar a los demás por las expectativas que han puesto en él, y la **falta de modelos a seguir** le lleva a una autoexigencia elevada donde el protagonista siente que tiene que esforzarse al máximo y alcanzar la perfección para demostrar que se merece el éxito obtenido.

Ser el primero en triunfar en un entorno determinado puede generar igualmente sentimientos de culpa, lo que impide reconocer los propios logros, pensando siempre que se deben a causas externas a él, y no sentirse merecedor de los mismos. El miedo a que descubran que es un fraude, y no tan bueno como los demás creen, aumenta su sentimiento de impostor.

Si te encuentras en una situación parecida porque eres el primero en destacar en tu entorno, algunas estrategias que te pueden ayudar a no experimentar el fenómeno del impostor son:

- **Comunica tus sentimientos**. Habla abiertamente de ellos con amigos cercanos y familiares de confianza. Expresar tus emociones te ayuda a entenderte mejor y obtener comprensión de quienes te rodean.

- **Reconoce tus logros y méritos**. Permítete sentirte orgulloso del esfuerzo, trabajo y talento que te llevaron al éxito. Apreciar lo que tienes te ayuda a mantener una perspectiva positiva y disfrutar sin sentirte culpable. Agradece y celebra este hecho.

- **Comparte tu éxito**. Reconoce a las personas que te han ayudado y apoyado en este camino. Considera cómo puedes utilizar tu éxito para contribuir de una manera positiva en la vida de los demás. Comparte conocimientos, experiencias u ofrece tu apoyo a otros.

- **Establece nuevos objetivos y desafíos**. Una vez que hayas alcanzado un éxito importante, no dejes que el miedo te paralice. Establece nuevos objetivos y desafíos para mantenerte centrado y enfocado en tu camino.

Recuerda siempre que el éxito es relativo y que cada persona tiene su propio camino y tiempo para alcanzar su metas. Es natural experimentar emociones diversas. Permítete sentir todas y acéptalas como parte del proceso. No te compares con los demás y enfócate en tu propio progreso y crecimiento personal.

RELACIONES CON PADRES Y HERMANOS

Las dinámicas familiares pueden contribuir a desarrollar el síndrome del impostor, tal y como ya hemos analizado anteriormente. Hay, además, situaciones especiales que posiblemente fomenten este sentimiento, bien porque se tengan puestas unas expectativas muy altas en uno mismo, o porque se estén comparando constantemente las habilidades y éxitos entre hermanos o porque se haya «otorgado» la cualidad de inteligente a uno de los ellos y los demás no se sientan tan valorados en sus desempeños. Asimismo, si uno de los miembros sufre el síndrome del impostor, puede afectar a la relación que mantiene con otros miembros de la familia.

Cuando se siente que los padres o los hermanos tienen altas expectativas sobre uno, o esperan que se siga un cierto camino de éxito, es posible que se cree **tensión en la relación debido a la presión** que se experimenta por alcanzar esas metas. También puede resultar difícil en ese escenario compartir los sentimientos de inseguridades y dudas por miedo a ser juzgados y defraudar, lo que aumenta el sentimiento de soledad.

Si lo que pesa es la comparación constante con hermanos, el síndrome del impostor puede acrecentar esas comparaciones y llevar a **resentimientos o rivalidades** entre ellos o a una desconexión emocional de los padres si se siente que no entienden lo que está pasando. Los sentimientos de inseguridad o duda influyen en el comportamiento y en el modo de relacionarse con los otros miembros de la familia, y pueden llegar a **generar conflictos** si no se aborda correctamente la situación.

Cada familia es única y, por tanto, es imposible generalizar acerca de cómo puede afectar el síndrome del impostor a las relaciones familiares. En cualquier caso, si tú sientes que las relaciones con tus hijos, o las que mantienen entre ellos, se están viendo afectadas negativamente por esta causa:

- **Evita comparaciones y juicios**. Procura no hacer comparaciones entre los miembros de la familia o juzgar su valía en función de los éxitos obtenidos. Haz hincapié en la importancia del esfuerzo, la perseverancia y el crecimiento personal, independientemente de los resultados.

- **Reconoce los sentimientos de cada uno**. Bríndales apoyo emocional y hazles saber que es normal sentirse inseguro o dudar de uno mismo en ocasiones. Que no tengan miedo de expresar sus temores.

- **Fomenta la autoaceptación**. Ayúdales a desarrollar una actitud de aceptación en la que den importancia a su carácter y sus valores; que interioricen que su valía no está determinada por los éxitos externos.

- **Favorece la comunicación**. Promueve un ambiente familiar donde todos sus miembros se sientan cómodos expresando sus sentimientos y compartiendo sus pensamientos con el resto. Anímalos a brindarse ayuda unos a otros en momentos de dificultad. Establece regularmente momentos para estar en familia y pon en práctica la escucha activa y la empatía. Celebrad los éxitos de cada uno como un logro colectivo.

Poniendo en práctica estas estrategias, las relaciones familiares pueden mejorar y, en un ambiente de confianza y apoyo mutuo, es posible mitigar los efectos que el síndrome del impostor tiene en las relaciones familiares.

CÓMO AFECTA A LA PAREJA

El síndrome del impostor puede afectar tanto a la persona que lo experimenta como a su pareja. Cuando se tiene una autoestima baja, es posible que también se sienta una **inseguridad en la relación de pareja** al dudar de su auténtica valía y temer que el otro miembro descubra que es un fraude y que no es lo que esperaba de ella. Esto hace que la persona afectada tenga **dificultades para expresar sus sentimientos** y preocupaciones por miedo a ser juzgada, ridiculizada o rechazada, lo que hace que la comunicación empeore y la conexión emocional no sea tan buena en la pareja. También es posible que **dependa en exceso** de que el otro miembro la valide constantemente para sentirse mejor, lo que creará una dinámica desigual en la relación que puede desembocar en resentimiento.

La pareja de una persona afectada por el síndrome puede sentirse, asimismo, frustrada o impotente al presenciar continuamente las dudas y la autocrítica tan severa que se hace la otra persona y que esto llegue a afectar también a su propia autoestima y bienestar emocional. Las inseguridades, además, **dificultan la resolución de los conflictos** que puedan aparecer y, con ello, los problemas posiblemente aumenten y deterioren la relación de pareja.

Como ves, si tienes el síndrome del impostor, también tu pareja puede verse afectada por tus inseguridades y dudas constantes. Refuerza tu autoestima, desafía tus pensamientos negativos y reconoce tus logros y habilidades para ir reforzando la confianza en ti mismo. Si es tu pareja la que está afectada por este fenómeno:

- **Escúchala activamente**. Permítele expresar sus sentimientos sin juzgar ni minimizar lo que siente. Comprenderla te ayudará a no confundir sus sentimientos de impostor con una falta de confianza en la pareja.

- **Bríndale apoyo emocional**. Que tu pareja sienta que estás ahí para darle apoyo en todo momento y que su valía no está determinada por logros externos.

- **Refuerza su autoestima**. Ayúdala a reconocer y celebrar sus logros. Reconoce sus esfuerzos más allá de los resultados. Recuérdale sus fortalezas y contribuciones únicas. Sé específico y di exactamente qué la hace especial, evita generalizaciones como «Eres genial». Di, por ejemplo, «Estoy impresionado por lo bien que hablas en público y cómo te expresas». Eso ayudará a que sea más consciente de sus fortalezas.

• **Crea un ambiente de seguridad y confianza**. Fomenta la confianza mutua y evita hacer comparaciones. No presiones para que cumpla expectativas ajenas. Haz que se sienta segura y valorada. No emplees expresiones del tipo «No vas a fallar». Lejos de darle seguridad, añadirás una presión a las expectativas que debe cumplir y sentirá que puedes dejar de quererla si falla.

• **Fomenta el autocuidado y las actividades de ocio**. Anima a tu pareja a priorizar su bienestar emocional y cuidarse. Comparte también con ella momentos lúdicos y de ocio que la ayuden a reducir su nivel de estrés y la hagan sentir bien.

Para mejorar la relación con tu pareja que se siente impostora, necesitarás paciencia, comprensión y compromiso mutuo. Puede que tu ayuda no sea suficiente. Si es así, y crees que lo necesita, anímala a buscar apoyo profesional.

LOS AMIGOS TAMBIÉN SUFREN

Cuando alguien experimenta el síndrome del impostor, puede tener **dificultades para mostrarse con autenticidad** frente a sus amigos y sentir la necesidad de mantener una fachada de competencia y seguridad. Es posible también querer distanciarse emocionalmente de las amistades por el miedo a ser descubiertos como un fraude y evitar compartir sus auténticos pensamientos, lo que dificulta la construcción de relaciones profundas 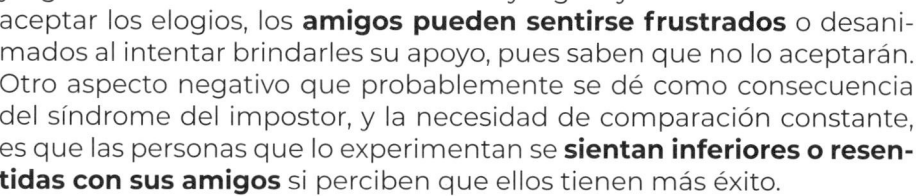 y significativas. Al minimizar sus éxitos y logros y no aceptar los elogios, los **amigos pueden sentirse frustrados** o desanimados al intentar brindarles su apoyo, pues saben que no lo aceptarán. Otro aspecto negativo que probablemente se dé como consecuencia del síndrome del impostor, y la necesidad de comparación constante, es que las personas que lo experimentan se **sientan inferiores o resentidas con sus amigos** si perciben que ellos tienen más éxito.

Si tienes el síndrome del impostor, es importante que reconozcas cómo afecta a tus relaciones de amistad y busques apoyo para superarlo y fortalecer tus vínculos sociales. En este libro encontrarás muchas ideas. Si tú no lo tienes, pero eres amigo de alguien que sí lo está experimentando y quieres ayudarle a superar este desafío con éxito, aquí tienes unas pequeñas recomendaciones:

- **Practica la escucha activa**. Pon atención a lo que te cuenta sin interrumpir ni juzgar. No trates de cambiar su discurso. Fíjate bien en cuáles son sus expresiones y hazle saber que estás atento parafraseando, de vez en cuando, algunas de sus afirmaciones.

- **Valida sus sentimientos**. Reconoce sus sentimientos y no minimices la importancia de sus sensaciones. Procura no emplear expresiones del tipo «Pero si eso no es nada. No te preocupes». Solo lograrías aumentar su malestar.

- **Ayúdale a reconocer sus logros**. Hazle ver en qué es bueno y sé específico en tus valoraciones. «Eres un crac» no dice nada acerca de una cualidad positiva. Mejor «Admiro cómo... dominas el balón, lo bien que hablas este idioma, lo bien que te expresas...».

- **Desafía sus creencias negativas**. Ayuda a tu amigo a desafiar sus pensamientos negativos y autocríticos buscando evidencias que los contradigan. Ofrece perspectivas alternativas positivas para ayudarle a cambiar su forma de pensar.

Al principio, puede parecerte imposible que tu amigo tenga esa imagen de sí mismo, incluso creerás que es una exageración suya. Si lo escuchas atentamente, te darás cuenta de que realmente tiene distorsionada su visión de la realidad. Sé paciente y comprensivo con tu amigo mientras trabaja en superar estos sentimientos, y ve poniendo delante de sus ojos las evidencias de los logros que no es capaz de ver por sí mismo. Vuestra relación saldrá fortalecida y será más satisfactoria.

¿CÓMO INFLUYE EL SÍNDROME DEL IMPOSTOR EN LA CREATIVIDAD Y LA FAMA?

Los artistas exponen sus obras para que el público las contemple y despierten sus emociones. Que sus trabajos estén al alcance de todas las miradas supone también un desafío y lo pueden vivir con un cierto grado de vulnerabilidad. Incluso los profesionales más seguros de sus capacidades sienten un cierto nerviosismo cada vez que tienen que presentar una nueva obra. En muchas ocasiones, es posible que detrás de esa imagen de serenidad y satisfacción ante un nuevo trabajo estén experimentando grandes dudas.

Las personas con perfiles más creativos y artísticos tienen más probabilidades de experimentar este fenómeno en algún momento de su vida. Cada trabajo supone una nueva evaluación que, aunque resulte positiva, nunca está libre de críticas negativas. El miedo al fracaso es algo muy presente en sus vidas, aunque también el éxito les hace pensar cuánto tiempo van a poder mantenerse ahí antes de que alguien descubra que son un fraude.

Son muchos los casos de famosos y exitosos cantantes, músicos, escritores, pintores, ilustradores o incluso actores que han manifestado sentir el síndrome del impostor. Kate Winslet, protagonista de la famosa película *Titanic*, decía de sí misma: «A veces me despierto en la mañana antes de ir a un rodaje, y creo que no puedo hacer esto, que soy un fraude». No es la única actriz conocida que se ha sentido así. Emma Watson, que alcanzó su popularidad con las películas de la saga de *Harry Potter*, confesó tener un sentimiento de inconformidad consigo misma: «A veces pienso "¿en algún momento la gente se dará cuenta de que soy un fraude total?"».

Ante cada nuevo proyecto, los creadores sufren el síndrome de la hoja en blanco, el temor a que no surja ninguna idea nueva e interesante, lo que puede producir un bloqueo en la creación. Algunas de las formas en las que el síndrome del impostor afecta a la creatividad son:

- **Autocensura**. Ante un nuevo proyecto, el nivel de autoexigencia puede dispararse y entonces se teme correr riesgos creativos. Con la autocensura se evita compartir las ideas por miedo a que sean criticadas o rechazadas.

- **Perfeccionismo paralizante**. El deseo de hacer todo perfecto también puede llevar a una parálisis creativa, pues se invierte tanto tiempo en ir perfeccionando las ideas que no se ve el momento de llevarlas a cabo, lo que limita la capacidad de explorar nuevas posibilidades creativas.

- **Comparación constante con otros artistas**. Las comparaciones con otros, o incluso con trabajos propios del pasado, aumenta el temor de no ser lo suficientemente bueno o no ser capaz de repetir un éxito anterior.

- **Falta de satisfacción**. Incluso cuando se logran triunfos, se tiende a quitarles valor y no se llega a disfrutar de esos momentos que deberían ser de celebración.

- **Bloqueo creativo**. El estrés y la ansiedad que producen estos miedos pueden llevar a un bloqueo creativo y a tener dificultades para generar nuevas ideas o expresar la creatividad de la manera más efectiva.

Las dudas acerca de las capacidades que tienen las personas que experimentan el síndrome del impostor en el desarrollo de su profesión, incluso con carreras exitosas a sus espaldas y de las que nadie pensaría que puedan sentirse así, afectan a cada vez más protagonistas. Jennifer López declaraba: «A pesar de que he vendido 70 millones de discos, me siento como "yo no soy buena en esto"», y recientemente, el cantante C. Tangana decía: «La exposición siempre me ha dado miedo [...] me siento un impostor en la música, porque no toco ningún instrumento ni he ido a clases de canto [...] Piensas que en algún momento alguien va a tirar de una manta y se van a dar cuenta de que no vales para eso que estás haciendo».

Y es que el síndrome del impostor no hace distinción, se presenta en todo tipo de perfiles, con diferentes formaciones, talentos, habilidades, procedencias y profesiones. Se puede gestionar y superar, como hemos ido viendo, aunque seguramente el método más eficaz sea empezar a prevenir su aparición y educar desde las primeras edades, tal y como mostraremos en el capítulo final.

EL SÍNDROME DEL IMPOSTOR EN LA ERA DIGITAL

Las personas que padecen el síndrome del impostor tienden a compararse constantemente con los demás y no valoran suficientemente sus méritos y logros alcanzados. No se sienten merecedoras de sus éxitos y ven en otros los valores y triunfos que no creen poseer. Esta sensación constante de sentirse un fraude puede ser especialmente relevante en la era digital, ya que en las redes sociales la exposición personal es constante, la comparación con otros resulta fácil, la presión por el éxito se acentúa y se promueve la perfección y la excelencia en todos los aspectos de la vida, pues lo profesional y lo personal quedan en muchas ocasiones mezclados en las publicaciones que se hacen en las diferentes redes sociales. Estos factores aumentan los sentimientos de inseguridad, de no sentirse lo suficientemente bueno y afectan especialmente a quien tiene una falta de confianza en sí mismo.

La era digital presenta una serie de desafíos únicos que pueden intensificar el síndrome del impostor en las personas más propensas a no reconocer sus logros, debido a que se sienten expuestas a una mayor presión, comparación y expectativas de perfección. Es muy importante que los usuarios de redes sociales, especialmente los perfiles que experimentan el fenómeno del síndrome del impostor, sean conscientes de estos desafíos y busquen sus propias estrategias o apoyo profesional para combatir los sentimientos de inseguridad y autoengaño que puedan surgir.

Vamos a hacer un pequeño recorrido por algunos de los aspectos más relevantes de las redes que suelen tener una relación muy directa con experimentar el síndrome del impostor.

LO QUE NO SE PUBLICA NO EXISTE

La necesidad de publicar todos los detalles de nuestra vida en las redes sociales y la creencia de que lo que no se publica no existe son fenómenos que han surgido con el auge de las redes sociales y su incorporación en la sociedad actual.

Algunas de las **razones** que pueden fomentar estos comportamientos son:

- **Validación social**. Las redes sociales pueden constituir la plataforma desde la que se obtiene el reconocimiento y validación de los demás. Publicar detalles de la vida personal y experiencias puede generar *likes* o «Me gusta», y esto hacer que la autoestima y la sensación de pertenencia a un grupo se refuercen.

- **Construcción de identidad**. Para algunas personas, publicar en las redes detalles de su vida, intereses y actividades que desarrollan es una forma de expresar su identidad, un modo de definirse y una presentación ante los demás en la que eligen la manera en la que les gustaría sentirse percibidas por el grupo.

- **Miedo a perderse algo o FOMO (*Fear of Missing Out*)**. La necesidad de estar permanentemente conectados y al tanto de todo lo que ocurre en redes es un fenómeno que cada vez está más presente en la era digital. Este miedo a perderse algún evento, la exigencia de saber lo que otros están haciendo y compartir las propias experiencias —para demostrar que se está participando en actividades interesantes— potencia que se esté permanentemente activo y conectado, pues no hacerlo genera una sensación de «ausencia» y aumenta la inseguridad ante la posibilidad de quedarse apartados.

- **Presión social**. Actualmente existe una presión social que fomenta la necesidad de estar constantemente conectados y saber de la vida de los demás. Esto puede llevar a las personas a sentir que necesitan publicar de manera permanente para no quedarse atrás.

- **El peso de los *influencers***. La forma de actuar de los *influencers* en las redes sociales, y su presencia continua en ellas, hace que sus seguidores tiendan a compartir más detalles de su vida, bien por imitar su comportamiento o por tratar de alcanzar un estatus similar.

¿Qué supone para los que experimentan el síndrome del impostor estar constantemente exponiendo sus vidas en las redes sociales? ¿Cómo lo viven?

LA VIDA EN EL MURO DIGITAL

En las redes sociales se tiende a mostrar lo que despierta admiración; es decir, los éxitos y logros, con lo que se contribuye a generar una imagen distorsionada de la realidad. Las personas con el síndrome del impostor sienten una presión mayor por mantener una **imagen especialmente cuidada en sus perfiles**. Esto las impele a compartir solo los aspectos más positivos de su vida, lo que puede aumentar su sensación de que están ocultando sus sentimientos de impostura, de no estar a la altura de lo que esperan de ellas. Su necesidad de **compararse con los demás** se intensifica en este entorno digital, donde la mayoría está constantemente exponiendo sus logros y éxitos, y esto las hace sentirse inferiores. Además, la cantidad de *likes* y de comentarios positivos, así como el número de seguidores, pueden llegar a ser para ellas una **medida de su valía y éxito percibido**, lo que aumenta su necesidad de obtener constantemente la validación de los demás.

Las personas con el síndrome del impostor sienten que están mostrando una versión idealizada de sí mismas en las redes, lo que intensifica su sentimiento de impostura y fraude, por cuanto internamente sus sentimientos son de inseguridad y duda. Paradójicamente, a pesar de estar conectadas digitalmente, pueden sentirse **más desconectadas de los demás**, pues piensan que su vida real no sería tan digna de admiración como la que presentan en sus perfiles. Además, la exposición excesiva en las redes sociales es posible que les genere ansiedad; el **miedo a ser descubiertas** como un fraude les impide compartir aspectos más auténticos de sí mismas por el temor a decepcionar, lo que les provoca una sensación mayor de aislamiento y soledad.

La vida en el muro digital puede ser especialmente complicada para las personas que experimentan el síndrome del impostor, ya que intensifica sus sentimientos de inseguridad, comparación y autoevaluación negativa y aumenta su dependencia de la validación externa para sentirse mejor. Es muy importante ser conscientes de cómo las redes sociales pueden afectar al bienestar emocional y es necesario buscar formas saludables de gestionar la exposición digital y cultivar una autoestima sólida fuera de las redes.

TEST. ¿TIENES MIEDO A EXPONERTE EN LAS REDES SOCIALES?

Vivimos en un mundo demasiado expuesto al público general, donde las redes sociales amplifican cada acto mostrándolo como un universo perfecto e idílico. Esta tendencia puede generar una gran inseguridad en muchas personas, incluso fomentando cierto autodesprecio del usuario al publicar una noticia personal. Realiza este test para medir hasta qué punto sientes miedo de exponerte en las redes sociales por temor a que descubran que no mereces tus éxitos y que te sientes un impostor.

1. **Cuando pienso en publicar algo, siento ansiedad sobre cómo seré percibido por los demás.**

   a. Nunca.   b. Raramente.   c. A veces.

   d. Frecuentemente.   e. Siempre.

2. **Evito compartir detalles personales en las redes sociales por temor a ser juzgado.**

   a. Nunca.   b. Raramente.   c. A veces.

   d. Frecuentemente.   e. Siempre.

3. **Siento que debo compartir una imagen perfecta de mi vida y mis logros en mis perfiles para evitar ser descubierto como un fraude.**

   a. Nunca.   b. Raramente.   c. A veces.

   d. Frecuentemente.   e. Siempre.

4. **Me preocupa que mis publicaciones revelen que no soy tan exitoso o competente como parezco.**

   a. Nunca.   b. Raramente.   c. A veces.

   d. Frecuentemente.   e. Siempre.

5. Prefiero mantener un perfil bajo en las redes sociales.

a. Nunca.   b. Raramente.   c. A veces.

d. Frecuentemente.   e. Siempre.

6. Si mis publicaciones no reciben suficientes *likes* o comentarios, me siento poco valioso para los demás.

a. Nunca.   b. Raramente.   c. A veces.

d. Frecuentemente.   e. Siempre.

7. Siento que otras personas son más exitosas que yo, lo que me hace dudar de mi valía.

a. Nunca.   b. Raramente.   c. A veces.

d. Frecuentemente.   e. Siempre.

8. Tengo miedo de compartir mi opinión en las redes sociales por temor a ser criticado.

a. Nunca.   b. Raramente.   c. A veces.

d. Frecuentemente.   e. Siempre.

9. A menudo reviso y edito varias veces mis publicaciones antes de subirlas a la red por temor a cometer errores.

a. Nunca.   b. Raramente.   c. A veces.

d. Frecuentemente.   e. Siempre.

10. Me siento incómodo compartiendo mis logros o éxitos en las redes sociales porque temo que otros piensen que estoy presumiendo.

a. Nunca.   b. Raramente.   c. A veces.

d. Frecuentemente.   e. Siempre.

Una vez que completes el test, suma los puntos obtenidos aplicando los siguientes valores a cada respuesta: **a** (un punto), **b** (dos puntos), **c** (tres puntos), **d** (cuatro puntos), **e** (cinco puntos).

PUNTUACIÓN:

- **20 o menos**. No tienes ningún miedo a la exposición en redes sociales.

- **Entre 21 y 30**. No te preocupa la exposición en las redes sociales, aunque eres consciente de los riesgos que conlleva.

- **Entre 31 y 40**. No te sientes tranquilo con tu exposición en las redes sociales. Cuidas bastante todos los detalles y te importan mucho la valoración y los comentarios que recibes con tus publicaciones.

- **Superior a 40**. Te preocupa mucho la imagen que proyectas en las redes sociales y lo que otros puedan opinar de ti. Tu síndrome del impostor te lleva a compararte constantemente con los demás. Tienes miedo de no ser tan valioso como otros creen y que lo lleguen a descubrir.

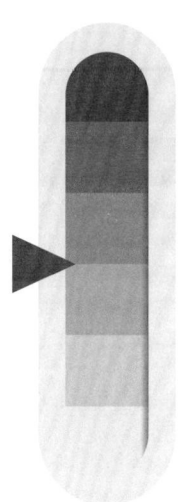

Utiliza este test solo como una herramienta de reflexión. Si tu puntuación es muy alta, es importante que descubras qué subyace bajo este temor y busques estrategias para trabajar la autoestima y confianza en ti mismo.

A continuación, vamos a explorar y reflexionar acerca de cómo la comparación constante con los demás, en todos los ámbitos de la vida, puede tener como consecuencia una pérdida de autoestima y una visión distorsionada de la realidad, lo que afecta a la percepción que tenemos de nosotros mismos y a nuestra autoevaluación personal.

COMPARACIÓN DE LOGROS EN LAS REDES SOCIALES DE TRABAJO

Probablemente tengas abierto un perfil en una red social profesional. Estas redes enfocadas en el trabajo son herramientas muy útiles que ayudan a establecer conexiones y promover la carrera profesional. Facilitan enormemente la búsqueda de nuevos trabajos y, con ellas, se logran contactos importantes en las áreas que nos interesan para llevar adelante nuestros proyectos con cierta rapidez. Si se utilizan con este fin, los beneficios son considerables.

Cuando se tiene acceso a estas redes, **es fácil caer en la comparación con otros perfiles** que desarrollan su trabajo en nuestros entornos profesionales. En la medida en que esto nos ayuda a reflexionar acerca de nuestros puntos fuertes, y también sobre nuestras áreas de mejora, aportan un valor añadido a nuestro crecimiento personal. La dificultad surge cuando la comparación con los demás es continua y sirve únicamente para **focalizar la atención sobre lo que no se tiene**: conocimientos, experiencia, éxitos profesionales, etc. Si se utilizan de esta manera poco saludable, el impacto negativo que pueden tener sobre nuestra salud mental es importante, especialmente si tenemos una cierta inseguridad y falta de confianza en nosotros mismos. También existe la posibilidad de que esta comparación ejerza sobre nosotros una presión que nos haga sentir que es necesario lograr un éxito continuado para que nuestro valor no decaiga.

Las redes sociales enfocadas en el trabajo pueden influir en el desarrollo del síndrome del impostor en algunas personas. Si se realiza una comparación constante al visualizar perfiles más exitosos o más cualificados, es posible que la confianza en uno mismo tienda a flaquear.

LOS DEMÁS SON MEJORES

A veces, al compararnos con otros en entornos profesionales, se tiene la sensación de que los demás son mejores que nosotros y que es difícil alcanzar o mostrar éxitos similares a los suyos. Las personas que experimentan el síndrome del impostor son más propensas a observar los perfiles de otros fijándose especialmente en aquellos éxitos y capacidades que les gustaría tener. Al poner el foco solo en estos aspectos, les resulta difícil valorar sus propios logros y sentir que son merecedores de ellos.

Algunas de las **consecuencias negativas más comunes de compararse con otros perfiles profesionales** cuando uno no confía en sus capacidades son:

- **Sentimientos de inferioridad**. Algunas personas experimentan sentimientos de inferioridad al ver los logros y éxitos de otros profesionales en las redes sociales. Esto afecta a su autoestima y a la confianza en sí mismos.

- **Presión por destacar**. Estar constantemente expuestos a las miradas de los demás puede provocar la necesidad de destacar frente a los otros, lo que lleva a buscar el modo de exponer constantemente los logros. La presión por destacar surge al sentir un ambiente competitivo donde uno se compara constantemente con los demás y persigue la validación externa.

- **Enfoque en la proyección más que en el contenido**. A veces los usuarios se centran más en la imagen que quieren proyectar que en los contenidos de valor que pueden aportar. Es posible que se pierda el enfoque y no destaquen bien sus habilidades y su experiencia profesional.

- **Falta de reconocimiento de los propios logros**. Es posible que la comparación constante con otros dificulte la valoración de los propios logros. Cuando se están admirando los éxitos de los demás, la satisfacción personal por alcanzar algunos hitos personales puede parecer poca cosa.

- **Ansiedad y estrés**. Puede suceder que los usuarios de estas redes sientan que no están a la altura de otros candidatos cuando comparan constantemente sus perfiles con los estándares más exitosos de la plataforma, y esto es un motivo claro de estrés y ansiedad que impacta negativamente en su bienestar físico y emocional.

TEST. ¿TE SIENTES INFERIOR AL COMPARARTE CON OTROS PERFILES PROFESIONALES EN REDES?

Realiza este test para medir hasta qué punto tu comparación con los perfiles laborales de otros en redes sociales, como LinkedIn, afecta negativamente a tu autoestima y confianza en ti mismo y potencia tu sentimiento de impostor.

1. **Cuando veo las experiencias laborales y logros de otros en LinkedIn, siento que no estoy a la altura.**

    a. Nunca.   b. Raramente.   c. A veces.

    d. Frecuentemente.   e. Siempre.

2. La comparación con otros perfiles afecta negativamente a la confianza que tengo en mis propias habilidades y logros.

a. Nunca.
b. Raramente.
c. A veces.
d. Frecuentemente.
e. Siempre.

3. Me siento presionado a destacar en mi perfil profesional porque veo a otros que parecen tener más éxito que yo.

a. Nunca.
b. Raramente.
c. A veces.
d. Frecuentemente.
e. Siempre.

4. La cantidad de contactos y recomendaciones en los perfiles profesionales de otras personas me hace sentir inferior.

a. Nunca.
b. Raramente.
c. A veces.
d. Frecuentemente.
e. Siempre.

5. Siento que no puedo competir con la apariencia de éxito que otros tienen en sus perfiles profesionales.

a. Nunca.
b. Raramente.
c. A veces.
d. Frecuentemente.
e. Siempre.

6. La comparación con otros me hace cuestionar mi valía profesional y contribución a mi campo laboral.

a. Nunca.
b. Raramente.
c. A veces.
d. Frecuentemente.
e. Siempre.

7. A menudo me siento desanimado después de pasar un tiempo revisando los perfiles profesionales de otros.

a. Nunca.
b. Raramente.
c. A veces.
d. Frecuentemente.
e. Siempre.

8. Me preocupa que los reclutadores me comparen con otros candidatos y encuentren que no soy lo suficientemente competente.

a. Nunca.   b. Raramente.   c. A veces.

d. Frecuentemente.   e. Siempre.

9. Siento la necesidad de actualizar constantemente mi perfil de LinkedIn para mantenerme al día con los logros y apariencias de otros.

a. Nunca.   b. Raramente.   c. A veces.

d. Frecuentemente.   e. Siempre.

10. Cuando me comparo con otros perfiles de éxito, dudo de mi capacidad para avanzar en mi carrera profesional y triunfar.

a. Nunca.   b. Raramente.   c. A veces.

d. Frecuentemente.   e. Siempre.

Una vez que completes el test, suma los puntos obtenidos aplicando los siguientes valores a cada respuesta: **a** (un punto), **b** (dos puntos), **c** (tres puntos), **d** (cuatro puntos), **e** (cinco puntos).

PUNTUACIÓN:

- **20 o menos**. Revisar los perfiles profesionales de otros en redes no afecta negativamente a tu autoevaluación profesional. Posiblemente te esté ayudando a mejorar tus competencias.

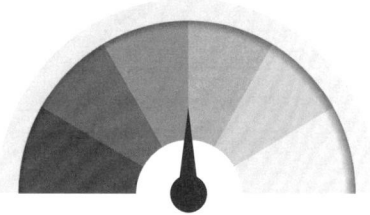

- **Entre 21 y 30**. A veces tienes la sensación de no ser tan bueno como otros, aunque esto no afecta a la confianza que tienes en tus capacidades y logros.

- **Entre 31 y 40**. Tiendes a revisar los perfiles de otros profesionales centrándote en sus éxitos y comparas tu carrera con la de ellos. Para que no te afecte negativamente, procura no perder de vista tus fortalezas, habilidades y logros, dales su valor y apóyate en ellos para mejorar.

- **Superior a 40**. Te comparas constantemente con otros perfiles profesionales y pones el foco en lo que no has logrado en tu carrera profesional. Esto afecta negativamente a tu autoestima y a tu visión de la realidad. Revisa tus logros, céntrate en tus méritos y confía en tus capacidades.

Utiliza este test únicamente como una herramienta de reflexión. Si tu puntuación es muy alta, es importante que no te compares tanto con otros y que, si lo haces, el objetivo sea detectar tus áreas de mejora y potenciar tus puntos fuertes para potenciar tu crecimiento personal. Recuerda que cada persona tiene su propio camino y ritmo para desarrollarse en el campo profesional.

UNA BELLEZA POCO REALISTA

En las redes sociales se da un valor significativo a la «belleza». La mayoría de las plataformas de éxito son muy visuales, y a menudo las imágenes y los vídeos tienen un impacto mayor que el texto. Esto hace que las **publicaciones visualmente atractivas** tiendan a recibir más atención por parte de los usuarios. Además, vivimos en una sociedad en la que existe una fuerte **cultura de la imagen**, que valora la apariencia física, y esto se pone claramente de manifiesto en las redes sociales donde las personas comparten fotos de sí mismas, y la belleza es un factor importante en la forma en la que se presentan a los demás.

El **papel de los *influencers*** es también muy significativo en la percepción de la belleza que tienen sus seguidores. Promocionan productos cosméticos, consejos de maquillaje y moda y muestran una vida de éxito a menudo asociada a la apariencia física. Cada vez más, el **negocio de las marcas** dedicadas a la estética se dinamiza a través de las redes sociales y, a pesar de que la belleza es un concepto subjetivo que depende de la idea que tenga de ella cada persona, esta presencia constante de mensajes en redes puede contribuir a perpetuar **estándares de belleza poco realistas**. Imágenes retocadas, filtros y la presión para lucir perfectos influyen claramente en cómo las personas perciben y valoran su propio aspecto físico.

NO VOY A GUSTAR

Como ya hemos visto, las personas con síndrome del impostor se comparan constantemente con los demás y necesitan una validación externa para sentirse competentes. El miedo a no gustar, a no sentirse perfectas ante las miradas de los que siguen sus perfiles, les afecta especialmente e incrementa su sentimiento de impostura. Consideran que nunca alcanzarán los estándares mostrados en las plataformas que ellas tanto admiran.

Algunas de las **consecuencias negativas** que sufren **al compararse con modelos de belleza poco realistas** son las enumeradas a continuación:

- **Imagen distorsionada de la realidad**. Al observar constantemente apariencias físicas impecables en las redes, la percepción que llegan a tener de la realidad y de la belleza puede estar completamente distorsionada. Esto les hace creer que existe una conexión directa entre esos modelos de belleza y el éxito, lo que influye negativamente en su autopercepción.

- **Obsesión por la imagen corporal**. La visión frecuente de modelos de belleza poco realistas les puede llevar a una obsesión por la propia imagen. En muchas ocasiones, el foco lo acaban poniendo en sus defectos, y buscan el modo de cambiar la apariencia para que sea más parecida a los «modelos de éxito» que ven en redes. Es posible que esto desemboque en comportamientos alimentarios perjudiciales y prácticas poco saludables.

- **Disminución de la confianza en uno mismo**. Como consecuencia de la imagen distorsionada de la realidad y de la obsesión que acaban teniendo por la imagen corporal, la confianza en ellas mismas disminuye, y las personas que se ven afectadas negativamente por esta comparación se sienten menos seguras y dudan de su valía. No se ven capaces de competir con esos estándares de belleza y se frustran.

- **Baja autoestima**. Poner el valor en alcanzar determinados modelos de belleza les genera sentimientos de insatisfacción con su apariencia y les hace sentirse poco adecuadas. Es posible que dediquen mucho tiempo a revisar sus fotos antes de publicarlas y les apliquen filtros para mejorar el resultado, lo que no hará que mejore la percepción negativa que tienen de sí mismas.

TEST. ¿QUÉ IMPORTANCIA DAS A TU IMAGEN
EN LAS REDES SOCIALES?

Realiza este test para medir hasta qué punto tu comparación con los modelos de belleza que ves en redes afecta negativamente a tu autoestima y confianza en ti mismo y potencian tu sentimiento de impostor. Si dejas de lado la naturalidad y tu exposición en las redes es una postura imitadora por conseguir visibilidad y seguidores, estarás abocado a la inseguridad irracional.

1. **Dedico mucho tiempo a seleccionar la foto perfecta antes de publicarla en redes sociales.**

   a. Nunca. b. Raramente. c. A veces.

   d. Frecuentemente. e. Siempre.

2. **Antes de subirlas a la red, suelo editar mis fotos y utilizar filtros para verme mejor.**

   a. Nunca. b. Raramente. c. A veces.

   d. Frecuentemente. e. Siempre.

3. **Me siento más inclinado a publicar fotos especialmente bonitas en las que me veo bien en lugar de compartir contenido relevante.**

   a. Nunca. b. Raramente. c. A veces.

   d. Frecuentemente. e. Siempre.

4. **Comparo mi apariencia con la de otros perfiles en redes sociales y me siento insatisfecho conmigo mismo si no me veo tan bien como los demás.**

   a. Nunca. b. Raramente. c. A veces.

   d. Frecuentemente. e. Siempre.

5. La cantidad de *likes* o comentarios que recibo en mis fotos afecta a mi autoestima.

a. Nunca.   b. Raramente.   c. A veces.

d. Frecuentemente.   e. Siempre.

6. Me siento presionado a mantener una imagen perfecta en mis redes sociales para impresionar a los demás y que me valoren.

a. Nunca.   b. Raramente.   c. A veces.

d. Frecuentemente.   e. Siempre.

Una vez que completes el test, suma los puntos obtenidos aplicando los siguientes valores a cada respuesta: **a** (un punto), **b** (dos puntos), **c** (tres puntos), **d** (cuatro puntos), **e** (cinco puntos).

PUNTUACIÓN:

- **12 o menos**. Revisar los perfiles de otros en redes no afecta negativamente a tu autopercepción.

- **Entre 13 y 18**. Cuidas tu imagen en redes sociales y te importa la percepción que los demás tienen de tu aspecto, aunque esto no afecta a tu autoestima ni a la confianza que tienes en ti.

- **Superior a 18**. Te comparas excesivamente con la imagen que presentan otros en las redes y te preocupa en exceso lo que piensen de tu aspecto. Refuerza la confianza en ti mismo y no sobrevalores el poder de una belleza poco realista.

Utiliza este test solo como una herramienta de reflexión. Si tu puntuación es muy alta, es importante que revises cómo afecta a tu autoestima la comparación con la apariencia física de otros en redes. Recuerda que los modelos de belleza que ves en ellas no reflejan la realidad. No pierdas de vista tu valía.

UNA VIDA PERFECTA

En las redes sociales a menudo se observa una **representación ideali-zada y selectiva de la realidad**, diseñada para mostrar lo mejor de la vida de una persona. Las fotos y vídeos están cuidadosamente seleccio-nados para presentar momentos felices, experiencias emocionantes y lugares paradisíacos. Los protagonistas muestran su mejor aspecto con ropa impecable, maquillaje perfecto y sin un solo defecto. Las activida-des que se enfatizan son aquellas que reflejan **experiencias positivas y estimulantes**: comidas exquisitas en restaurantes magníficos, momen-tos de ocio divertidos y emocionantes, viajes exóticos, etc. Las relaciones personales también se exhiben de una manera idílica: parejas, familia y amigos muestran gran amor y conexión. Las publicaciones destacan casi siempre un **estilo de vida saludable y activo**, con fotos de comida nutritivas, rutinas de ejercicio, momentos de relajación y prácticas de autocuidado. Se promueve una imagen de bienestar físico y emocional.

Este marco idealizado de la realidad supone un gran desafío para las personas que experimentan el síndrome del impostor. Al compararse con la vida de otros y poner el valor en el éxito aparente de los demás, no se consideran capaces de lograr el mismo triunfo, y piensan que no son lo suficientemente buenas para destacar en nada.

TODO ESO QUE A MÍ ME FALTA

Uno de los principales peligros de las personas que experimentan el fenó-meno del impostor, y consideran que no son dignas del éxito que tienen, consiste en compararse con otros en las redes sociales y poner el foco en aquello que no tienen en su vida. Aumentan así la lista de motivos por los cuales se sienten poco valiosas y sin características dignas de admiración.

Algunas de las **consecuencias negativas** que sufren **al compararse con la «vida exitosa» de otros** son:

- **Sensación de fracaso**. Centrarse en los aspectos de su vida que no son como los de otras personas exitosas hace que experimen-ten una sensación de fracaso, como si no estuvieran a la altura de otros estándares de éxito y felicidad que se ven en las redes socia-les. Esto va a aumentar su sentimiento de impostura.

- **Descontento con la propia vida**. Poner el valor en lo que tienen los otros aumenta el descontento con su vida, se sienten menos satisfechas y agradecidas por las cosas buenas que poseen y no son capaces de valorar sus logros y éxitos reales.

- **Envidia**. Anhelar lo que tienen los que parecen gozar de más éxito les genera sentimientos de competitividad y envidia poco saludables. La falta de confianza afecta negativamente a su bienestar emocional e impide que pongan el foco en las capacidades que tienen y que las hacen realmente competentes.

- **Dudas acerca de la valía personal**. La comparación constante con otros perfiles que muestran una vida exitosa despierta en las personas que sufren el síndrome del impostor las dudas acerca de su propia valía.

TEST. ¿VALORAS MENOS TU VIDA
AL COMPARARTE CON OTROS?

Realiza este test para medir hasta qué punto tu comparación con la «vida exitosa» de otros que ves en redes afecta negativamente a tu valoración personal y confianza en ti mismo y potencia tu sentimiento de impostor.

1. **Siento que no estoy aprovechando al máximo mi vida cuando veo en las redes sociales lo que otros hacen.**

   a. Nunca.   b. Raramente.   c. A veces.

   d. Frecuentemente.   e. Siempre.

2. **Me siento menos valioso después de ver las vidas que llevan otras personas.**

   a. Nunca.   b. Raramente.   c. A veces.

   d. Frecuentemente.   e. Siempre.

3. **Pienso que mi vida sería mejor si pudiera tener experiencias similares a las que veo en los perfiles de otras personas en redes sociales.**

   a. Nunca.   b. Raramente.   c. A veces.

   d. Frecuentemente.   e. Siempre.

4. Me cuesta apreciar lo que tengo en mi vida cuando me comparo con otros en las redes sociales.

a. Nunca.　　　　　b. Raramente.　　　　c. A veces.

d. Frecuentemente.　　e. Siempre.

5. La cantidad de *likes* o comentarios que recibo en mis publicaciones en redes sociales afecta a mi autoestima.

a. Nunca.　　　　　b. Raramente.　　　　c. A veces.

d. Frecuentemente.　　e. Siempre.

6. Cuando me comparo con la vida de otros en redes sociales, siento que estoy fracasando en la mía.

a. Nunca.　　　　　b. Raramente.　　　　c. A veces.

d. Frecuentemente.　　e. Siempre.

Una vez que completes el test, suma los puntos obtenidos aplicando los siguientes valores a cada respuesta: **a** (un punto), **b** (dos puntos), **c** (tres puntos), **d** (cuatro puntos), **e** (cinco puntos).

PUNTUACIÓN:

- **12 o menos**. Ver la vida de otros en redes no afecta a la valoración que haces de la tuya.

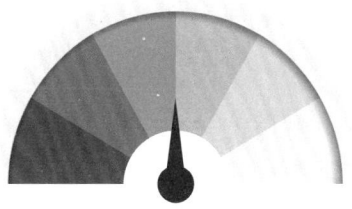

- **Entre 13 y 18**. Al compararte con los demás, a veces reflexionas acerca de tu forma de vida, aunque esto no te hace dudar de tu valía.

- **Superior a 18**. Te comparas excesivamente con las experiencias vitales que presentan otros en las redes y tiendes a poner el foco en lo que no tienes o disfrutas. Refuerza la confianza en ti mismo y no sobrevalores la vida que observas en las publicaciones de los demás.

Utiliza este test solo como una herramienta de reflexión. Si tu puntuación es muy alta, es importante que revises dónde pones el foco al compararte con la vida de otros. Recuerda que la «vida perfecta» que ves en los diferentes perfiles no refleja la realidad al completo. Los desafíos, fracasos y frustraciones no suelen compartirse en redes.

EL PESO DE LOS *INFLUENCERS*

Los *influencers* a menudo actúan como **modelos a seguir**. Sus estilos de vida, opiniones y elecciones pueden influir en cómo otros usuarios ven y abordan diversos aspectos de su día a día. A través de sus logros se convierten en **fuentes de inspiración** y comparten historias de éxito que pueden motivar a otros a superarse y fijarse sus propias metas y sueños, aunque también es posible que fomenten modelos inalcanzables y que algunos seguidores, que se comparan en exceso, acaben sintiendo que están fracasando en sus vidas.

El papel que desempeñan los *influencers* en las redes sociales **creando tendencias** en diferentes áreas y marcando el camino a seguir con sus publicaciones, fotos y estilos de vida exitosos, puede contribuir significativamente al desarrollo del síndrome del impostor al fomentar la comparación constante con los demás, crear un presión implícita por cumplir con estándares irreales y aumentar la dependencia de la validación externa. Ya hemos visto varios de estos aspectos en apartados anteriores y cómo su actuación puede afectar negativamente y fomentar un sentimiento de impostura, fenómeno del que ni ellos mismos se libran. A continuación, vamos a analizar cómo los *influencers* también pueden vivir este síndrome.

LA OTRA CARA DE LA POPULARIDAD

En la mayoría de las ocasiones, los *influencers* ofrecen en sus redes una visión muy positiva de sus vidas. Podemos observar en sus perfiles una apariencia física impecable, viajes exóticos, experiencias al alcance de pocos... todo parece un mundo idílico. La realidad, en ocasiones, puede distar mucho de esta imagen. A menudo se encuentran sometidos a una **presión extrema para mantener una imagen perfecta** en sus publicaciones, lo que les obliga a mostrarse siempre felices y exitosos. Esto puede resultar un trabajo agotador y contribuir a que desarrollen problemas de ansiedad y depresión. Además, al estar en el centro de muchas miradas, son propensos a recibir críticas y ataques por parte de usuarios que, en ocasiones, se traducen en **acoso cibernético e incluso amenazas**, lo que sin duda tiene un impacto negativo en su bienestar emocional y psicológico. Corren también el riesgo de que sus errores, controversias o decisiones cuestionables pongan en riesgo su carrera y reputación, por lo que se sienten especialmente **vulnerables ante su exposición continuada**. Muchos **sacrifican su privacidad** por obtener fama, comparten detalles íntimos de sus vidas y esto aumenta la vigilancia que se tiene sobre ellos. Mantener esta presencia constante en redes es una **experiencia agotadora física y emocionalmente** para los *influencers*, e interactuar continuamente con seguidores les provoca un estrés añadido que dista mucho de conformar una imagen idílica de sus vidas.

Aunque la presencia destacada de *influencers* en las redes sociales hace que parezcan exitosos y seguros de sí mismos, la realidad es que pueden experimentar dudas acerca de su valía y tener sentimientos de inseguridad sobre su competencia y fama. Algunas de las formas en las que el síndrome del impostor puede afectarles son:

- **Comparación constante**. Es posible que se sientan inferiores al compararse con otros *influencers* que tienen más seguidores, mayor número de interacciones con sus publicaciones o más oportunidades de colaboración.

- **Presión por la perfección**. A menudo se enfrentan a una presión mayor por tener una imagen perfecta en redes sociales, lo que supone exhibir una apariencia impecable y compartir solo aspectos positivos de sus vidas.

- **Miedo al fracaso**. Es muy posible que experimenten temor a que su éxito sea efímero o que sean descubiertos como un fraude. Pueden experimentar ansiedad por mantener su estatus y proyección en las redes sociales y estar preocupados de que un error o fracaso público afecte negativamente a su reputación.

- **Necesidad de validación externa**. A menudo buscan la aprobación de los demás a través de *likes* y comentarios de sus seguidores. Pueden sentir que su valía y su éxito dependen de la cantidad de interacciones que reciban sus publicaciones, lo que puede alimentar su síndrome del impostor si no alcanzan ciertos objetivos de popularidad.

- **Autoevaluación negativa**. A pesar de sus éxitos, es posible que tiendan a minimizar sus logros y atribuir sus éxitos a la suerte o a factores externos, en lugar de reconocer sus propios méritos o habilidades. Esto les lleva a tener una autoevaluación negativa de ellos mismos.

Como puedes ver, el síndrome del impostor puede afectar también a *influencers*, con la particularidad de que su vida está más expuesta en redes sociales. Si experimentan este síndrome, es importante que ellos mismos reconozcan y aborden estos sentimientos de inseguridad y fraude para mantener una salud mental positiva. Las estrategias abordadas en el capítulo titulado "Gestionar y superar el síndrome del impostor" les pueden resultar muy útiles.

TEST. ¿TIENEN LOS *INFLUENCERS*
UN PESO GRANDE EN TU VIDA?

Realiza este test para medir hasta qué punto los *influencers* a los que sigues están afectando a tu comportamiento y a la opinión que tienes de ti mismo y de tu vida.

1. **Me suelo comparar con los *influencers* que sigo en las redes sociales en términos de logros, estilo de vida o apariencia física.**

   a. Nunca.   b. Raramente.   c. A veces.

   d. Frecuentemente.   e. Siempre.

2. **A veces cambio de dieta, compro determinados productos o modifico mi estilo de vida por lo que veo en sus publicaciones.**

   a. Nunca.   b. Raramente.   c. A veces.

   d. Frecuentemente.   e. Siempre.

3. **Siento presión por alcanzar ciertos estándares de éxito o felicidad como los que muestran los *influencers* en redes.**

   a. Nunca.   b. Raramente.   c. A veces.

   d. Frecuentemente.   e. Siempre.

4. Me cuesta apreciar lo que tengo en mi vida cuando me comparo con la que los *influencers* presentan en las redes sociales.

a. Nunca.　　　　b. Raramente.　　　c. A veces.

d. Frecuentemente.　　e. Siempre.

5. Tiendo a dar más valor a las habilidades de los *influencers* que a mis propias competencias.

a. Nunca.　　　　b. Raramente.　　　c. A veces.

d. Frecuentemente.　　e. Siempre.

6. Cuando me comparo con el éxito de los *influencers* en redes sociales, siento que estoy fracasando.

a. Nunca.　　　　b. Raramente.　　　c. A veces.

d. Frecuentemente.　　e. Siempre.

Una vez que completes el test, suma los puntos obtenidos aplicando los siguientes valores a cada respuesta: **a** (un punto), **b** (dos puntos), **c** (tres puntos), **d** (cuatro puntos), **e** (cinco puntos).

PUNTUACIÓN:

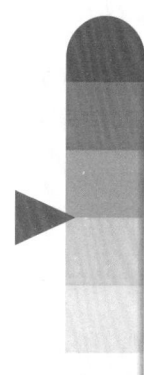

- **12 o menos**. El seguimiento que haces a los *influencers* no afecta a cómo vives y valoras tu vida.

- **Entre 13 y 18**. Al compararte con los *influencers*, a veces reflexionas acerca de tu forma de vida. Cuida que esto no te haga dudar de tu valía.

- **Superior a 18**. Los *influencers* a los que sigues tienen un gran peso sobre ti y condicionan tu concepción de éxito en la vida. Refuerza la autoconfianza y no sobrevalores sus opiniones.

Utiliza este test solo como una herramienta de reflexión. Si tu puntuación es muy alta, revisa cuál es el valor que das a la información que los *influencers* presentan en sus perfiles. Evita la comparación constante y recuerda que nadie refleja la realidad al completo. Apóyate en tus habilidades y puntos fuertes y pon en valor tus éxitos, no te dejes arrastrar por una visión distorsionada de la realidad.

¿QUÉ PASA SI ME DESCUBREN?

El temor de las personas que tienen el síndrome del impostor a ser descubiertas puede aumentar al verse expuestas constantemente en las redes sociales. Son muchas las preocupaciones que experimentan, como el miedo al rechazo, al fracaso, al juicio, a las comparaciones y a perder la credibilidad o las relaciones. Estas van a variar según la persona y sus experiencias individuales.

Existe el **miedo al rechazo**, a que los demás descubran que no se es tan competente o exitoso como reflejan las redes, lo que podría provocar el rechazo por parte de amigos o seguidores. También el **miedo al juicio** y a la crítica de los demás si ven que no se responde a los estándares de éxito que figuran en el perfil o el **temor a que la credibilidad se vea comprometida** si se comete algún fallo en las publicaciones. La lista de miedos no termina aquí, pues el **miedo al fracaso** está siempre presente, sobre todo la sensación anticipada de vergüenza asociada al descubrimiento, y también el **miedo a la comparación**, a que otros revisen el perfil y consideren que no se está a la altura de las expectativas o que no validen los logros obtenidos.

VIVIR CON MIEDO

Las preocupaciones constantes y la anticipación de situaciones que se viven con temor desencadenan estrés y ansiedad, aunque existen otras **consecuencias negativas de vivir con miedo** para las personas que tienen el síndrome del impostor como:

- **Impacto en la salud física y emocional**. El estrés crónico puede aumentar el riesgo de enfermedades cardíacas, provocar trastornos digestivos, debilitamiento del sistema inmunológico y alteraciones del sueño. Es posible, además, que la acumulación de pensamientos negativos aumente el riesgo de desarrollar una depresión.

- **Impacto negativo en el rendimiento académico y laboral**. Las dificultades para concentrarse y terminar tareas como consecuencia de las preocupaciones que causan los diferentes miedos interfieren con los rendimientos en todos los ámbitos de desarrollo.

- **Dificultad en la toma de decisiones**. Los miedos influyen en la toma de decisiones, y es posible que la persona evite enfrentarse a desafíos o correr riesgos por temor a las consecuencias negativas. Esta situación puede bloquearla en determinadas ocasiones y limitar sus oportunidades de crecimiento personal y profesional.

- **Deterioro de la autoestima**. Cuando se vive con miedo, la persona duda de sus capacidades, y esto influye en la percepción que tiene de sí misma. La falta de confianza va socavando y debilitando su autoestima.

- **Aislamiento social**. Otra de las consecuencias es la tendencia a evitar situaciones sociales o lugares donde puedan sentirse el centro de atención y expuestas a la posibilidad de juicios o críticas. En el caso de las redes sociales, es posible que se limite la presencia e interacción en las mismas.

- **Ciclo de retroalimentación negativa**. Si los miedos son persistentes, pueden alimentar un ciclo de retroalimentación negativa, donde pensamientos y comportamientos relacionados con el miedo actúan reforzándolos y potenciando los efectos del estrés y la ansiedad.

TEST. ¿TIENES MIEDO A QUE TE DESCUBRAN COMO IMPOSTOR?

Realiza este test para comprobar si tienes miedo a que tu exposición en las redes sociales ponga al descubierto tus inseguridades y tu sentimiento de impostor.

---

1. **Siento que necesito mantener una imagen positiva y exitosa en redes sociales para que los demás me acepten.**

   a. Nunca. b. Raramente. c. A veces.

   d. Frecuentemente. e. Siempre.

---

2. Me preocupa que puedan descubrir que mi vida no es tan perfecta como parece en las redes sociales.

a. Nunca. b. Raramente. c. A veces.

d. Frecuentemente. e. Siempre.

3. Me siento incómodo cuando comparto aspectos de mi vida en redes que podrían revelar mis debilidades o inseguridades.

a. Nunca. b. Raramente. c. A veces.

d. Frecuentemente. e. Siempre.

4. Evito compartir algunos aspectos de mi vida en redes por temor a que me juzguen o critiquen.

a. Nunca. b. Raramente. c. A veces.

d. Frecuentemente. e. Siempre.

5. Necesito recibir un número mínimo de *likes* o comentarios positivos en mis publicaciones para sentirme valioso.

a. Nunca. b. Raramente. c. A veces.

d. Frecuentemente. e. Siempre.

6. Tengo miedo a que los demás puedan darse cuenta de que no soy tan valioso como creen y que no me merezco mis éxitos.

a. Nunca. b. Raramente. c. A veces.

d. Frecuentemente. e. Siempre.

Una vez que completes el test, suma los puntos obtenidos aplicando los siguientes valores a cada respuesta: **a** (un punto), **b** (dos puntos), **c** (tres puntos), **d** (cuatro puntos), **e** (cinco puntos).

PUNTUACIÓN:

- **12 o menos**. El uso de las redes sociales no afecta a tus miedos de ser descubierto como un impostor.

- **Entre 13 y 18**. Tienes ciertos temores a tu exposición en las redes sociales. Observa que esto no esté limitando tu manera de disfrutar de ellas.

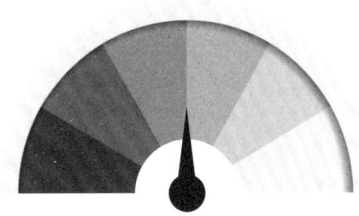

- **Superior a 18**. Te mueves con bastantes miedos en las redes sociales. Refuerza la confianza en ti mismo y no permitas que tus temores tomen la delantera.

Utiliza este test solo como una herramienta de reflexión. Si tu puntuación es muy alta, es importante que trabajes tus miedos de manera efectiva para que desaparezcan de tu vida. Refuerza tu autoestima para no depender tanto de la valoración de los demás.

Es importante finalizar este capítulo con una serie de **recomendaciones** que puedes tener en cuenta para que tu uso de las redes sociales sea un camino más placentero y saludable y no incremente tu sentimiento de impostor:

- **Enfócate en tu propio progreso**. En lugar de compararte constantemente con los demás, fíjate tus metas personales y profesionales y esfuérzate en alcanzarlas.

- **Reconoce tus fortalezas y logros**. Tómate un tiempo para reflexionar acerca de tus fortalezas y logros y reconoce las habilidades que te han llevado a triunfar. Haz una lista con todos ellos y, cuando tengas dudas de tu valía, repasa ese listado y apóyate en él.

- **Celebra tus éxitos**. Recuerda que no hay logro ni avance pequeño. Celebra cada momento de éxito y valora tu capacidad por haberlo conseguido.

- **Limita tu tiempo en las redes sociales**. Si descubres que pasas demasiado tiempo en las redes sociales y que eso te desencadena sentimientos negativos por tu comparación constante con los demás, considera limitar el tiempo de exposición. Fíjate límites, establece tiempos específicos de consulta y evita hacerlo compulsivamente.

- **Sé selectivo con tus contactos**. Sigue a personas que te inspiren, te motiven positivamente y te ayuden a tu crecimiento personal y profesional. Recuerda las metas que te has fijado y selecciona los perfiles que te puedan facilitar el aprendizaje y orientarte en el camino.

- **Valora lo que tienes**. Recuerda que las redes sociales no muestran la imagen completa y real de las personas. Generalmente se tiende a mostrar aspectos positivos y logros, y rara vez se mencionan los fracasos que se han tenido durante el camino al éxito. Al final de cada jornada, haz un repaso de todo lo positivo que hay en tu vida y dale el valor que se merece. Agradece las oportunidades que has tenido, las lecciones que has aprendido y las personas que te ayudan en el camino. Esa es la vida real, la que tú construyes y enriqueces cada día. Disfrútala.

EDUCAR A LOS MENORES LIBRES DEL SÍNDROME DEL IMPOSTOR

Educar a los menores para que crezcan sin desarrollar este síndrome del impostor implica cultivar una mentalidad saludable y fomentar la confianza en sus capacidades desde pequeños. Es importante ayudarles a desarrollar una imagen positiva de sí mismos y que entiendan que cometer errores es algo normal y que pueden incluso convertirlos en una oportunidad para aprender y crecer. También es vital celebrar sus logros, enseñarles a reconocerlos, por pequeños que sean, y que comprendan que el esfuerzo contribuye al éxito. Otro aspecto que no hay que olvidar es el de ayudarles a manejar el fracaso de manera constructiva, como desafíos temporales, no como algo permanente, y que entiendan que no por ello merma su valor ni les hace perder el cariño de los seres queridos.

Es fundamental crear ambientes en los que los niños se sientan cómodos y sean capaces de compartir sus preocupaciones, un entorno donde noten que les escuchan, respetan y valoran y en el que reciben el apoyo emocional que necesitan. Es importante evitar las comparaciones con otros, ya sea en términos de logros académicos, habilidades deportivas o cualquier otro aspecto. Necesitan sentirse valorados por lo que son individualmente. Con esto desarrollarán una autoestima sólida y crecerán con mayor confianza en sí mismos.

El reto no es fácil y supone un gran desafío educativo, aunque ayudar a los menores a que crezcan libres de miedos, con autonomía para tomar decisiones y asumir responsabilidades según su edad y capacidad, con un sentido de competencia y autonomía y preparados para no caer en el síndrome del impostor, merece cualquier esfuerzo.

RESPETAR LA SINGULARIDAD DE LOS HIJOS

Es importante educar a los hijos potenciando su singularidad y desarrollando su autonomía, en lugar de imponerles moldes preconcebidos. Para ello es esencial observarlos con atención y **practicar una escucha activa** que permita captar sus pensamientos, sentimientos y necesidades, para tener una información valiosa que ayude a guiarlos de una manera correcta a fin de potenciar su bienestar.

Cada niño es único en fortalezas, debilidades, gustos y aversiones. Es importante **no compararles con otros** ni tratar de que encajen en determinados modelos. **Celebrar su diversidad** y ayudarles a explorar sus talentos individuales hará que crezcan seguros de sí mismos y potenciará su autoestima. Animarlos a que se **expresen libremente**, ya sea a través del arte, de la música, de la escritura u otras formas de expresión creativa, los ayudará a valorar y respetar su propia voz y se sentirán integrados y aceptados por su entorno afectivo.

Desde una edad temprana, se les puede involucrar en la **toma de decisiones** que afecten a sus vidas, lo que les proporcionará un sentido de autonomía y control. También es importante **establecer con respeto y empatía límites claros** que promuevan su seguridad y bienestar, a la vez que se les enseña a tratar a los demás con amabilidad y compasión, valorando y respetando las diferencias individuales. Animarlos a que enfrenten desafíos y **resuelvan problemas por sí mismos**, brindándoles el apoyo y la orientación necesaria en el proceso, los ayudará a desarrollar habilidades de resolución de problemas y les dará confianza en su capacidad para superar obstáculos. Conocerán las herramientas necesarias para convertirse en personas seguras y autónomas.

LA IMPORTANCIA DE LA ESCUCHA ACTIVA

La escucha activa es una técnica que ayuda a establecer una comunicación eficiente en la que el oyente puede interpretar y asimilar correctamente el contenido expresado por el hablante. La base teórica de esta técnica la desarrolló Carl Rogers, y su colega, Thomas Gordon, la convirtió en un método educativo para padres y docentes. Poner el foco en el niño y escucharlo eficazmente es una herramienta fundamental para la validación emocional del menor, que crecerá seguro de sí mismo y con un alto nivel de autoestima. La escucha activa fomenta el vínculo con el niño, que siente que el adulto se interesa por él, y aumenta su confianza en las instrucciones que recibe de los mayores. Entiende, así, mejor sus razones, con lo que se siente más predispuesto a cumplir con las indicaciones que recibe. El menor desarrolla también la capacidad de empatizar con los adultos y con los demás niños.

Para aplicar el método de la escucha activa, sigue estas indicaciones:

- **Céntrate en él sin distracciones**. Es importante que practiques la atención plena y estés solamente enfocado en el menor.

- **Ponte a su altura físicamente**. Tener vuestros ojos a la misma altura favorece la comunicación y el vínculo emocional.

- **Deja que se exprese sin interrupciones**. Permite que te hable y se exprese sin que interrumpas su discurso. Si se expresa libremente, tú podrás captar mejor lo que siente. No tengas miedo a las pausas y los silencios. Son buenos para favorecer el diálogo sin sentirse presionado.

- **Acepta lo que te dice sin juzgar ni evaluar**. En la escucha activa se busca entender qué le pasa al niño, y para eso debe contarlo sin que influyas en su manera de ver las cosas. Es el momento de recoger información, no de emitir juicios o aplicar las propias creencias para evaluar su pensamiento.

- **Haz preguntas**. Es importante que tengas la seguridad de que estás interpretando correctamente lo que dice y dejar claro que lo estás escuchando. Las preguntas deben centrarse en que amplíe o aporte más información sobre algo de lo que está hablando; no se trata de introducir nuevos puntos de vista u otros temas ajenos a lo que está contando.

- **Repite y reformula lo que tu hijo cuenta**. De vez en cuando, repite exactamente, con las mismas palabras, algo que ha dicho. Reforzarás en él el sentimiento de sentirse escuchado. Es muy importante que las palabras sean las mismas, no similares, para no introducir tu visión.

- **Acompaña el diálogo con gestos de aceptación y cariño**. En la escucha activa tus palabras deben ser las menos posibles. Solo deben aparecer para ampliar algún aspecto o reforzar el mensaje del menor y que sienta que se le está escuchando. Pequeños gestos, como afirmar con la cabeza o una caricia, son suficientes para que perciba esa conexión y escucha.

- **Dirígete a él de forma respetuosa**. Los pensamientos y lo que siente el niño son importantes, y este debe notar que los estás valorando. En ningún momento trates de quitarles importancia creyendo que así se encontrará mejor. Sentirse respetado y escuchado favorece su autoestima y fortalecerá su confianza en ti.

PRÁCTICA.
EXPLORAMOS NUESTRA SINGULARIDAD

Escoge un espacio cómodo, acogedor y tranquilo donde puedas estar con los niños sin que nada ajeno pueda distraeros.

1. **Invita a los menores a compartir cómo se sienten**

   Empieza la práctica invitándolos a que expresen cómo se sienten en ese momento. Presta atención al modo en que se expresan tanto verbal como corporalmente.

2. **Plantéales un juego**

   - Anímalos a que reflexionen sobre sus cualidades, intereses y talentos únicos. Dales una hoja de papel y lápices de colores para que escriban o dibujen lo que más les gusta de sí mismos y los hace especiales. Si quieren escoger otros materiales disponibles, déjalos que elijan.

   - Permite que se expresen libremente durante la actividad y presta atención a lo que dicen.

   - Después, invítalos a que compartan sus creaciones y hablen de aquello que los hace singulares. Observa cómo expresan sus sentimientos.

   - Utiliza sus propias expresiones para reforzar su sentimiento de sentirse escuchados y respetados.

   - Celebra con ellos su singularidad, que perciban que la aprecias y respetas, y coloca su creación en un lugar destacado de la casa para que puedan verla frecuentemente.

Si son varios hermanos, para completar esta práctica, otro día puedes proponer que cada uno escriba cuáles son las cualidades que destacaría de su hermano y lo que lo hace especial. Anímalos a que intercambien las notas y las lean en voz alta. Compartirán así su reconocimiento mutuo y reforzarán la imagen positiva de ellos mismos.

NADA ESTÁ ESCRITO

Hemos ido viendo, a lo largo de los diferentes capítulos, cómo el síndrome del impostor está muy relacionado con el temor a no cumplir las expectativas que los demás tienen puestas sobre nosotros, el miedo a fallar y a que no te quieran si no se alcanzan los estándares de éxito que hemos interiorizado como nuestros. Por eso, es muy importante que los niños crezcan en ambientes que les den confianza, que respeten su singularidad,  y sabiendo que su vida no tiene que cumplir con modelos ajenos, que deben encontrar su propio camino de acuerdo a sus intereses, valores y creencias. Nada está escrito, y ellos son libres para crear su propia vida, aunque el reforzamiento social que tengan de sus conductas hará que actúen de una determinada manera, más o menos cautelosa.

Los padres son modelos en los que muchas veces los hijos se proyectan y con los que se comparan. A veces, ya de adultos, se siguen preguntando cómo hubiera actuado alguno de sus progenitores ante una determinada situación. Tener estas referencias son sanas, siempre y cuando se crezca teniendo claro que el éxito no consiste en alcanzar los estándares de los padres, sino en perseguir los objetivos que cada uno se marca de acuerdo a su propósito de vida. Los niños imitan las conductas de las personas que son importantes para ellos y van aprendiendo a interpretar las situaciones y a reaccionar ante ellas, pero hay que fomentar su autonomía y valía personal, reforzando sus propias decisiones aunque no sean una réplica de las que hubieran tomado sus referentes adultos.

Para el desarrollo saludable de los niños, es fundamental que se expresen libremente, que sean capaces de explorar y comunicar sus pensamientos, emociones e inquietudes. Expresarse de manera creativa a través de la pintura, escritura, música, interpretación o cualquier otra forma artística tiene un impacto positivo en su autoestima y bienestar emocional. La **autoexpresión** permite a los niños explorar y descubrir quiénes son, **fortalece su identidad personal** y les ayuda a construir una **imagen positiva de sí mismos**. Cuando se les alienta a desarrollarla, **aumenta la confianza en sus capacidades**, se sienten valorados y comprendidos y encuentran una forma de canalizar y gestionar sus emociones.

SÉ TÚ MISMO

Fomentar la creatividad en los niños les permite explorar sus emociones y descubrir sus intereses y capacidades. Uno de los obstáculos para expresarse libremente es el miedo al fracaso, y si se les marcan instrucciones estrictas para que sigan, puede generarles inseguridad y limitar su capacidad creativa. Por ello es fundamental:

- **Potenciar habilidades creativas**. Facilitar oportunidades para la exploración y el juego e incentivar actividades con las que puedan desarrollar habilidades creativas favorece su aprendizaje. Que descubran todo lo que pueden hacer si tienen por delante un folio, lienzo, partitura, pantalla, plastilina, arena...

- **Fomentar la curiosidad y la imaginación**. Deben acostumbrarse a no dar las cosas por cerradas y que se pregunten lo que pasaría *si...* Por medio de preguntas abiertas se les puede invitar a imaginar: finales de historias, lo que hay detrás de un dibujo y que no se ve, qué pasó para que compusieran una canción, etc. La curiosidad es una herramienta muy eficaz del aprendizaje y abre su mente a muchas y variadas posibilidades.

- **Que puedan expresarse libremente sin miedo a ser juzgados**. Es necesario crear un ambiente de apoyo para que los menores se sientan tranquilos y cómodos experimentando. Debe ser un espacio libre de críticas, sin juicios, donde puedan tomar decisiones, asumir riesgos y aprender de sus errores. También han de quedar fuera las comparaciones con los demás para no frenar sus iniciativas, no provocar que se autocensuren y se animen así a compartir sin miedo sus propuestas.

Son muchos los **beneficios de cultivar la creatividad** en los niños:

- Mejora la autoestima y la confianza.

- Incentiva la capacidad para resolver problemas.

- Ayuda a entrenar la mente y la hace más flexible.

- Mejora las habilidades comunicativas.

- Aumenta la curiosidad y el aprendizaje asociado.

- Crece la motivación por descubrir nuevas cosas.

- Permite aceptar los errores como una parte natural del proceso de aprendizaje.

- Promueve la resiliencia.

PRÁCTICA.
JUGAMOS CON LA CREATIVIDAD

A continuación, hay una propuesta de diferentes actividades para potenciar la creatividad y la imaginación. Lo más importante es que, mediante el juego, los niños tengan opción de descubrir diversos recursos para expresarse y compartir sus emociones e inquietudes. Ellos mismos se irán dando cuenta de cuáles les resultan más afines a sus intereses, con cuáles disfrutan más o les permiten expresar mejor sus sentimientos. Hay que tener en cuenta que el juego educa y contribuye a fomentar la creatividad. Para todas las actividades:

- Es necesario buscar espacios cómodos para el juego donde no se sientan juzgados.

- No existan patrones que deban copiar o por los que se mida si algo está bien o mal hecho.

- Si hay varios niños, no debe haber comparación de sus trabajos o habilidades.

- Hay que dejar que durante la actividad se expresen libremente, aporten sus ideas y disfruten.

- Al final de la actividad, se les puede invitar a que reflexionen sobre aquello que les ha gustado más.

1. Pintura sin pinceles

Proporciona a los niños papel y pintura que puedan utilizar con su manos, esponjas o cualquier otro objeto que sea posible emplear para crear su composición. Pueden expresar, por ejemplo, lo que les inspira la estación en la que se esté, o que elijan libremente aquello que ese día quieran contar. Esta actividad los animará a experimentar y explorar nuevas formas de expresión artística.

2. Mi cuerpo se mueve al ritmo de...

Se escogen diversas melodías, con ritmos muy diferentes —que no sean cantadas— y, con los ojos cerrados, deben mover su cuerpo según lo que sientan con cada composición musical. Buscar un espacio abierto, libre de objetos. Esta actividad los hace ser conscientes de su cuerpo y de lo que sienten.

3. Historias encadenadas

En este juego debe haber varios participantes. Uno comienza una historia con una frase. El siguiente continúa la historia añadiendo otra frase, que tenga relación con la anterior, y así sucesivamente. Este juego estimula la imaginación y la creatividad narrativa.

4. Baúl de disfraces

Pon en el interior de un pequeño baúl o caja diferentes accesorios que puedan utilizarse para un disfraz: pañuelos, sombreros, antifaces, guantes, capas... Cada niño debe escoger varios complementos, crear su propio personaje y escenificar una pequeña historia que se invente. Este juego fomenta la imaginación y la creatividad.

5. El arte de la naturaleza

Para este juego se deben ir recogiendo diversos elementos de la naturaleza que hayan caído al suelo y que hayan llamado su atención: hojas, ramitas, frutos, piñas, flores... Invítalos a que creen su propio mandala. Que se expresen con los colores y texturas y hablen de sus emociones. Pueden hacerlo en el mismo parque o bosque en el que están jugando y dejarlo allí. Esta actividad fomenta su capacidad artística, les permite expresar sus emociones y los acerca a la naturaleza. Cuando el niño juega tiene activos los sentidos y reconoce los sonidos, los movimientos y las características físicas del entorno.

6. Juego de la cadena

Se juega en grupo: un niño va corriendo y toma a otro de la mano. Este inventa una palabra y corren juntos. Agarran a otro que debe añadir otra palabra y así sucesivamente van incorporándose los demás a la carrera.

Estos son solo algunos ejemplos. Lo importante es dedicar un tiempo a jugar con los niños, que se sientan libres de expresarse y aceptados tal y como son, que vayan encontrando múltiples formas de expresión, que crezca su curiosidad por descubrir cosas nuevas y que se les permita ser ellos mismos.

A través del juego el niño va a conocer el mundo y la forma de relacionarse. Durante los años de infancia le dedicará muchas horas, ya que es una de las actividades principales que realizará. No solo representa el entretenimiento, sino que también le va a ayudar a resolver problemas.

ACOMPAÑAR A LOS MENORES EN SU AUTOCONOCIMIENTO

Los niños entre un año y medio y dos años comienzan a reconocer su imagen ante el espejo. Es el primer paso que dan para identificarse con su imagen exterior y, a partir de ahí, es muy importante ayudarles a que vayan descubriendo lo que hay en su interior y constituye su identidad. Es un periodo temprano en el que se expresa lo que se siente mediante acciones, ya que es difícil, sin tener el lenguaje maduro, poder decir lo que se está sintiendo realmente. Los niños recurren a gimotear cuando están enfadados o saltan o bailan cuando están emocionados. Muchas veces el adulto puede malinterpretar lo que está ocurriendo y no dar una respuesta adecuada a estas manifestaciones de sus emociones, pero poco a poco, según el niño se reafirma, el adulto hará un acercamiento más válido. El autoconocimiento es la capacidad que tienen de **conocerse y comprenderse a sí mismos**, incluyendo sus emociones, pensamientos, fortalezas, debilidades, intereses y valores. Es una habilidad fundamental para el desarrollo emocional y social de los niños que se va aprendiendo con el tiempo. Les ayuda a construir una identidad sólida y a tomar decisiones conscientes y saludables.

Acompañar a los hijos a reconocerse, a que se quieran y respeten **fortalecerá su autoestima**. Cuanto más se conozcan, más sabrán acerca de lo que les gusta, cuáles son sus intereses, con qué disfrutan, y eso ayudará a que crezcan valorándose más. Irán aprendiendo a controlar sus pensamientos y gestionar sus emociones y siendo conscientes de cuáles son sus fortalezas. Potenciar el autoconocimiento implica proporcionarles experiencias y herramientas que les permitan explorar y comprenderse a sí mismos de manera más profunda. Para ello:

- **Anímalos a probar cosas nuevas**. Invítalos a que participen en actividades variadas y descubran lo que les apasiona y les motiva. Es importante que tengan acceso a experiencias muy diferentes para que encuentren aquello que les llama la atención, lo que despierta su interés, con lo que disfrutan más. A través del juego exploran facetas muy diversas, y el deporte, los viajes, la lectura, la comida o los espectáculos, por ejemplo, son escenarios perfectos para que descubran sus gustos.

- **Acompáñales a descubrir sus talentos**. Observa qué actividades les despiertan mayor interés. Refuerza sus logros y ofrece una retroalimentación constructiva acerca de sus comportamientos, fortalezas, habilidades y áreas de mejora. Que se sientan valorados y sin miedo a probar cosas nuevas. Todo esto los ayudará a desarrollar una comprensión más clara de sí mismos y a identificar aquello en lo que son buenos y los aspectos que pueden mejorar.

- **Ayúdales a reflexionar**. Anímalos a que reflexionen sobre sus experiencias y aprendan de ellas. Invítalos a pensar en lo que les gusta y lo que no, en lo que les hace sentirse bien y mal y a que expresen sus pensamientos, emociones y sentimientos de manera abierta. Mantén una comunicación abierta con los niños gracias a la cual se sientan cómodos expresándose sin miedo a ser juzgados. Practica la escucha activa.

- **Promueve su empatía**. Es importante que aprendan a tratarse a sí mismos con amabilidad desde pequeños. Ayúdales a que entiendan que los errores forman parte del proceso de aprendizaje, que es normal cometerlos y que eso no los define como personas. Que no se castiguen por ello. Fomenta que se traten con respeto.

- **Invítalos a que miren en su interior**. Juega a que se describan a sí mismos. Posiblemente comiencen enumerando o dibujando sus rasgos físicos. Permite que se expresen abiertamente y que digan lo que les gusta de ellos. Después, invítalos a que den un paso más y a que digan o escriban rasgos de su personalidad, como «soy alegre», «soy simpático»... Haz preguntas abiertas para que vayan explorando su interior y mostrando la imagen que tienen de sí mismos.

UNA EXPLOSIÓN DE EMOCIONES

El autoconocimiento emocional es una habilidad esencial que ayudará a los niños a crecer reconociendo y comprendiendo su emociones y sabiendo cómo gestionarlas, lo que influirá positivamente en diversos aspectos de su vida. A medida que exploran y experimentan su mundo emocional, desarrollan una comprensión más profunda de sí mismos y de cómo interactúan con el mundo que los rodea.

Hay algunos aspectos que resultan clave para comprender la importancia del autoconocimiento emocional:

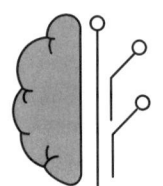

- **Identificación de emociones**. Los niños comienzan a identificar y etiquetar sus propias emociones desde edades tempranas. Aprenden a reconocer emociones básicas como la alegría, la tristeza, el miedo y la ira. Esta capacidad de identificarlas les permitirá entender cómo se sienten en diferentes situaciones.

- **Comprensión de las causas y efectos**. A medida que los niños crecen, pueden ir aprendiendo a identificar qué situaciones desencadenan diferentes emociones en ellos y cómo estas afectan a su comportamiento y bienestar. Comprender las causas y los efectos de sus emociones los ayudará a tener una conciencia mayor de sí mismos.

- **Conexión con experiencias personales**. A medida que experimentan diferentes emociones en situaciones concretas, comienzan a tener un mayor conocimiento de sí mismos y de lo que les importa. Las emociones están muy ligadas a las experiencias personales y esta comprensión los ayudará a identificar sus valores, intereses y preocupaciones, lo que favorecerá el desarrollo de su autoconocimiento.

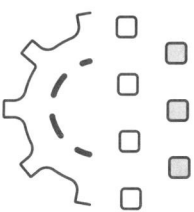

- **Aceptación de las emociones**. Una parte muy importante del autoconocimiento emocional es la aceptación de las emociones, independientemente de si se consideran positivas o negativas. Es muy importante que los niños aprendan a aceptar sus emociones sin juzgarlas ni evitarlas. Una autoestima positiva juega un papel muy importante en esta fase, ya que ayuda a aceptarlas sin sentirse mal por ello, lo que contribuye al bienestar emocional.

- **Gestión emocional**. La capacidad de gestionar las emociones permitirá a los niños entender cómo reaccionan ante diferentes situaciones y cómo pueden manejar sus emociones de manera positiva. Al ir creciendo, es importante que adquieran estrategias que les ayuden a regular su estado emocional y expresar sus sentimientos de manera constructiva.

- **Desarrollo de la empatía**. Reconocer y comprender las propias emociones también los ayudará a ponerse en el lugar de los demás y entender cómo se sienten ante determinadas situaciones. Esto les permitirá relacionarse mejor con los demás y aprender también de sus experiencias.

PRÁCTICA.
NOS MIRAMOS MÁS ALLÁ DEL ESPEJO

Potenciar el autoconocimiento emocional para que los niños tomen conciencia de sus emociones, las identifiquen y aprendan a gestionarlas es fundamental para que crezcan conociéndose mejor a sí mismos y con una autoestima fortalecida.

1. Identificar emociones básicas

- Utiliza una rueda de emociones sencilla para empezar con la identificación de las más básicas. Añade una flecha al tablero para que la puedan girar.

- Luego, tendrán que hablar sobra la emoción en la que aterrice la flecha. Pueden explicar qué sienten con esa emoción o experiencias personales en las que la hayan sentido.

Puedes utilizar alguna parecida a la que te presentamos; lo mejor es que tus hijos participen de forma creativa en el diseño de la rueda. Los ayudará a sentirse integrados desde el principio en el juego. Que elijan un color para cada emoción.

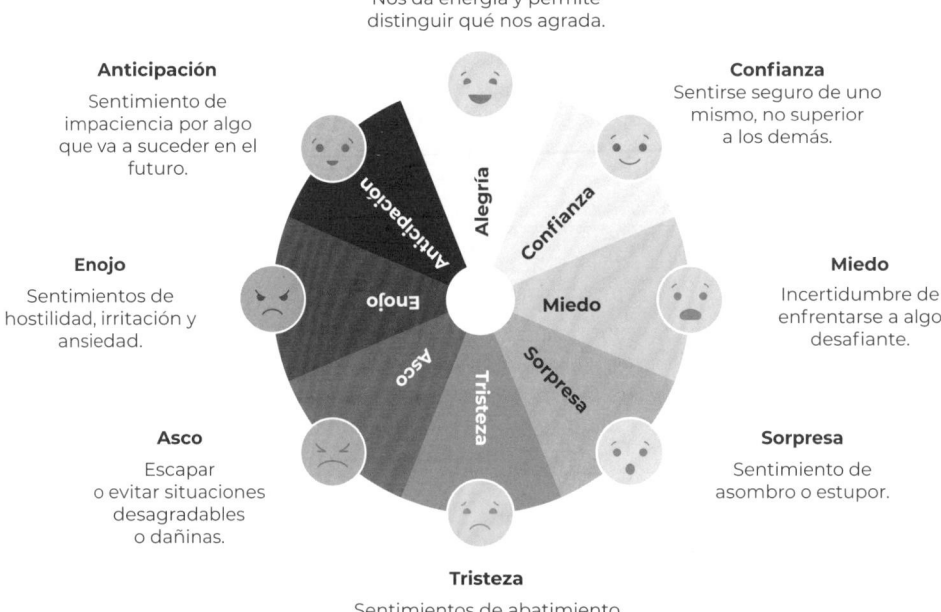

Alegría
Nos da energía y permite distinguir qué nos agrada.

Anticipación
Sentimiento de impaciencia por algo que va a suceder en el futuro.

Confianza
Sentirse seguro de uno mismo, no superior a los demás.

Enojo
Sentimientos de hostilidad, irritación y ansiedad.

Miedo
Incertidumbre de enfrentarse a algo desafiante.

Asco
Escapar o evitar situaciones desagradables o dañinas.

Sorpresa
Sentimiento de asombro o estupor.

Tristeza
Sentimientos de abatimiento y melancolía.

2. Ampliar el vocabulario emocional

- Una vez que tengan identificadas las emociones básicas, podéis empezar a añadir palabras relacionadas con cada emoción. Empezad por las que sean más sencillas y estén directamente relacionadas con la emoción básica. Ampliad la rueda con un círculo externo.

- Utilizando algunas de esas palabras pueden jugar a describir diferentes experiencias incorporando esas palabras a la historia que estén contando.

- Según la edad, esa rueda se va ampliando con más palabras relacionadas con la emoción, añadiendo para eso otro círculo exterior con un vocabulario más complejo.

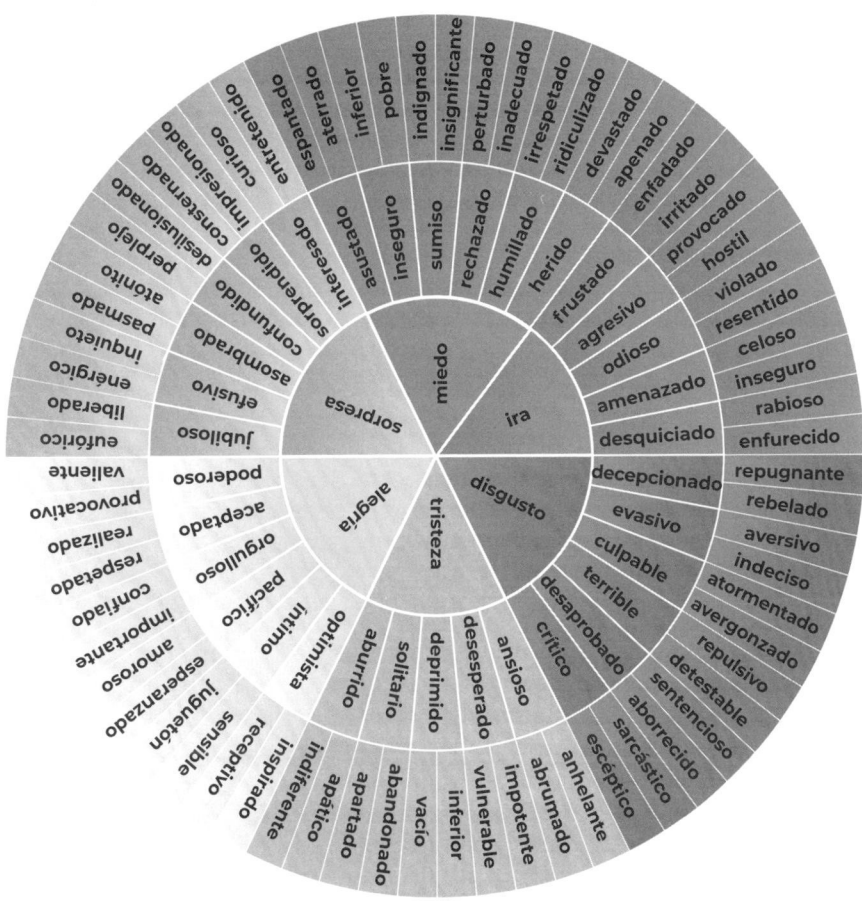

Es interesante que jueguen con la creatividad y hagan su propia rueda de emociones. Pueden hacer una ilustración grande, con espacios en blanco, y colgarla en el cuarto. Después, irán rellenando los huecos según vayan encontrando términos que estén relacionados con esa emoción, obteniendo así su rueda de emociones personal.

CRECER SIN MIEDOS

Ya hemos visto que en el síndrome del impostor son muchos los miedos que se presentan por temor al qué dirán, al fracaso, a sentirse solo frente al éxito, etc. Educar a los hijos para que crezcan sin miedo es una tarea que empieza desde la infancia, y ayudarlos a que **ganen confianza en sí mismos** es fundamental para que sean capaces de superar cualquier dificultad que se presente en sus vidas. La personalidad, el modo de actuar y relacionarse y la forma de gestionar las emociones están íntimamente relacionados con el tipo de apego que se ha desarrollado en la infancia entre los padres y el pequeño. Este vínculo afectivo es que el determina el desarrollo psicológico y la formación de la personalidad. El **apego seguro** permite al niño explorar, conocer el mundo y relacionarse con otros con la tranquilidad de que las personas con las que se ha vinculado afectivamente van a estar ahí para protegerlo. Si esto no ocurre, los miedos e inseguridades influyen en el modo de interpretar el mundo y relacionarse.

Crear un entorno que fomente la confianza y la seguridad emocional es fundamental para que los hijos crezcan sin miedo a cometer errores, a ser juzgados o a no cumplir las expectativas. Para ello:

- **Crea un ambiente de apoyo**. Fomenta una comunicación abierta donde los hijos sepan que pueden expresar libremente sus pensamientos, sentimientos y preocupaciones sin temor a ser juzgados. Esto hará que tu hogar sea un lugar donde se sentirán seguros y valorados.

- **Mantén una actitud positiva ante los errores**. Sé comprensivo y paciente cuando cometan errores y ánimalos a que los vean como oportunidades para aprender y mejorar en lugar de que los interpreten como momentos de fracaso y un motivo de vergüenza. Esto puede ayudarlos a probar nuevas iniciativas sin miedo a cometer fallos, lo que favorecerá su desarrollo personal.

- **Enfócate en el esfuerzo y el progreso**. Valora el esfuerzo y la dedicación que ponen tus hijos en realizar una tarea en vez de hacerlo solo en los resultados. Celebra cada logro y avance, por pequeño que sea. Esto hará que sean capaces de visualizar sus logros en el futuro y su contribución a los mismos.

- **Promueve la autoestima**. Ayuda a tus hijos a desarrollar una imagen positiva de sí mismos al elogiar sus fortalezas y cualidades positivas. Anímalos a tener confianza en sus habilidades y reconocer su valor más allá de los resultados o expectativas de los demás. Favorecerá que tengan una percepción positiva de ellos mismos y no se sientan inferiores al compararse con otros.

- **Fomenta la autonomía**. Según su edad y nivel de madurez, ve dejando que tomen sus propias decisiones y asuman sus responsabilidades. Permite que cometan errores y aprendan de ellos; que sientan tu apoyo y orientación en lugar de recibir críticas y castigos.

- **Enseña habilidades de afrontamiento**. Durante su vida tus hijos van a tener que enfrentarse a diversas dificultades. Ayúdalos a que desarrollen habilidades para manejar la presión, el estrés y la ansiedad. Fomenta el autocuidado y practica técnicas de relajación como la respiración profunda. Enséñales igualmente a gestionar sus emociones y a desarrollar una actitud resiliente y perseverante ante los obstáculos.

UNA VIDA DIFERENTE

Imagina qué diferente sería tu vida si vivieras sin miedos, si no anticiparas el sufrimiento de cosas que no han sucedido, si te permitieras actuar con mayor libertad sin temor a la opinión de los demás y a sentirte juzgado. ¿Cuántos retos has rechazado por tener miedo a lo que podría suceder?, ¿cómo de diferente sería tu vida si no tuvieras miedo a fracasar? Ahora piensa en la vida que tienen por delante tus hijos. Seguro que te gusta imaginarlos libres de esos miedos, abiertos a experimentar y desarrollarse sin temor, pensando cómo su vida puede ser mejor sin esos temores con los que quizá tú has crecido.

Crecer sin miedos va a ofrecerles a los niños una serie de ventajas significativas como mayor confianza en sí mismos, mayor disposición a asumir riesgos, una mayor resiliencia emocional, mejor capacidad para enfrentar situaciones difíciles, mayor apertura a nuevas experiencias y relaciones más saludables con los demás. Todas estas ventajas van a contribuir a que lleven una vida más plena y satisfactoria.

PRÁCTICA.
AFRONTAMOS LOS MIEDOS

Esta práctica proporciona una oportunidad muy valiosa para que tus hijos aprendan a enfrentar y superar sus temores, desarrollando la confianza en sí mismos y la resiliencia emocional en el proceso.

1. **Exploración de los miedos**

    Busca un entorno tranquilo donde los pequeños se sientan cómodos.

    - Pídeles que identifiquen uno o varios miedos que tengan actualmente.

    - Hazles luego preguntas del tipo:

        ○ ¿Qué te hace sentir miedo?

        ○ ¿Cómo te sientes cuando experimentas ese miedo?

        ○ ¿Qué dejas de hacer cuando sientes miedo?

2. **Lista de miedos**

    - Prepara una lista de situaciones que pueden generar temor: hacer nuevos amigos, hablar en público, probar cosas desconocidas, etc. Adapta la lista a las situaciones más habituales a las que se enfrentan según la edad del niño.

    - Pídeles que marquen las situaciones que les producen miedo.

    - Anímalos a que se visualicen sin experimentar ese miedo:

        ○ ¿Cómo te sentirías sin ese miedo?

        ○ ¿Qué cosas nuevas podrías hacer?

3. **Exposición gradual al miedo**

    - Escoge una de las situaciones de la lista que generan miedo y trabaja con los niños para hacer una exposición gradual a esa situación. Por ejemplo, si su miedo es hablar delante de otras personas, que empiecen practicando frente a un pequeño grupo familiar y luego aumenten gradualmente el número de personas de su público.

- Durante la práctica, brinda apoyo y refuerzo positivo a los niños. Reconoce su valentía y esfuerzo por enfrentar su miedos, incluso si el resultado no es perfecto. Céntrate en los aspectos positivos y celebra cada logro.

- Al acabar la experiencia, pregúntales:

  - ¿Cómo te sientes tras haber hecho frente a tu miedo?
  - ¿Qué has aprendido de ti mismo?
  - ¿Te sientes más seguro?
  - ¿Ha resultado positiva la exposición al miedo?

La exposición a los miedos es la mejor forma de hacerles frente. Al principio siempre resulta duro, pero es la manera de descubrir que no pasa nada de lo que uno ha anticipado en su imaginación, y eso ayuda a experimentar cosas nuevas.

EL PODER DE LAS PALABRAS

Ya hemos visto el poder que tienen los mensajes que nos dirigimos y cómo influyen en nuestras emociones y en el modo en que nos sentimos. Desde la infancia, la manera en la que nos hablan y las palabras que nos dedican van calando en nuestro interior y contribuyen a la imagen que tenemos de nosotros mismos y de cómo interpretamos el mundo. Algunas personas que experimentan el síndrome del impostor han sentido desde pequeñas que tenían que ser inteligentes, perfectas, las mejores, y han interpretado que eran queridas solo si lograban esos objetivos. No sienten que puedan ser amadas por ellas mismas. También se puede dar el caso de que hayan recibido comentarios negativos y muy críticos sobre sus resultados, por lo que han crecido sin confianza en sus capacidades y sintiéndose inferiores.

El poder de las palabras en la autoestima de los niños es muy grande. Cada frase que se les dice deja huella en su cerebro y, de algún modo, determina la forma de actuar y de sentirse. Los menores van creando su autoconcepto también a través de los comentarios que reciben de ellos mismos. Recuerda que, si a un niño le dices que existen los Reyes Magos o el Ratoncito Pérez, te creerá. Del mismo modo, si le dices que es torpe, también hará suya esa creencia. Por eso, si les transmitimos que creemos en ellos y les vamos potenciando sus valores, su autoevaluación será positiva.

Para favorecer la autoestima de los niños a través de las palabras:

- **Evita las etiquetas o mensajes limitantes**. Con los mensajes que se dirigen a los demás hay que ser muy respetuoso a todas las edades. Con los niños, presta atención al pronunciar palabras que se refieran a la capacidad o carácter del pequeño: «irresponsable», «malo», «torpe», «patoso», «rebelde», etc. Hieren sus sentimientos y les paralizan ante acciones posteriores. Imagina que se les cae algo que llevan en la manos, se rompe, y se les dice algo parecido a esto: «Mira que te he dicho que tuvieras cuidado. No pones atención en las cosas que haces. Eres muy torpe». Es posible que el niño interiorice que hace las cosas mal y que si ni sus padres confían en él, será porque es verdad, y harán suya esa creencia. Evita también etiquetas limitantes que comparen con otros y puedan frenar el potencial de tus hijos, como «¿Por qué no te comportas como...?». Es muy importante no emitir cualquier mensaje que suponga un juicio, evalúe o añada una etiqueta. Hay que diferenciar entre el resultado de una actividad y la identidad. Hacer una tontería no significa que uno sea tonto.

- **Emplea mensajes que alienten**. Las palabras que ayudan a salir adelante son siempre un refuerzo y una motivación. Procura no solo elogiar cuando las cosas salen bien, también hay que alentar cuando no se obtienen los mejores resultados. En el caso anterior, cuando se le ha caído algo de las manos, es muy fácil caer rápidamente en la reprimenda creyendo que así aprenderá a hacerlo mejor. Lo realmente útil es emplear palabras que ayudan a buscar soluciones, por ejemplo: «Vamos a buscar una escoba para recoger esto que se ha caído. ¿Qué te ha sucedido?». Con estas palabras se está buscando una solución a lo que ha pasado y se pone el foco en la consecuencia, no en la culpa, y además se anima a la reflexión para que pueda entender qué aspecto se puede mejorar para que esto no vuelva a suceder.

- **Mide la cantidad de tus elogios**. Utilizar los elogios para alentar supone un refuerzo de la autoestima de los niños y les motiva a seguir adelante. Utilizarlos en exceso, y de manera generalizada, puede ser perjudicial, bien porque piensen que son buenos en todo y que no necesitan esforzarse ya más porque siempre se les ensalza, o porque generen altas expectativas sobre ellos y sientan la presión y el estrés de tener que obtener siempre un elogio por todo lo que hacen. El exceso y exageración de elogios como «eres el mejor», «eres el más listo», etc., puede crear obsesión por no perder ese título o no estar a la altura de esa etiqueta.

- **Reconoce el esfuerzo**. Las palabras positivas y de aliento no deben centrarse solo en los resultados. Es importante valorar el esfuerzo del camino, de cada paso, independientemente del resultado. Esto aumentará su motivación por sacar las cosas adelante, y así el niño empezará a aceptar que no siempre los resultados son exitosos, pero que eso no pone en duda su valía.

- **Ayúdalos a identificar mensajes positivos y negativos**. Practica con ellos para que reconozcan qué palabras y mensajes son positivos y cuáles tienen un impacto negativo en los demás; que identifiquen qué emociones se despiertan cada vez que emplean alguna de esas palabras para que esto también los ayude a crecer siendo empáticos con los demás.

- **Utiliza palabras de amor incondicional**. Las palabras llevan un mensaje implícito que transmiten a los demás nuestros pensamientos y creencias y dejan huella en las personas. Los hijos deben notar que se les quiere y se confía en ellos en cualquier circunstancia, no solo cuando obtienen buenos resultados o salen a relucir sus buenas cualidades. Esto les hará crecer sin el temor a que cualquier fallo les haga perder el amor de sus seres queridos.

- **Diferencia tu malestar personal de lo que hacen tus hijos**. A veces, las preocupaciones cotidianas o un mal día provocan que tengamos nuestro ánimo un poco alterado. Es importante que ese malestar no se transmita a los menores con palabras o expresiones poco adecuadas al momento. No deben pagar las consecuencias de sucesos que son totalmente ajenos a ellos.

PALABRAS QUE EMOCIONAN

En muchas ocasiones se dice que a «las palabras se las lleva el viento», pero, en lo que tiene que ver con la emoción que transmiten, no es tan fácil eliminar la huella que dejan. Piensa por un momento en algunas palabras que te han marcado en tu vida. Seguro que recuerdas el momento, el lugar, quién las pronunció y la emoción que sentiste en dicha ocasión. Seguramente vuelvas a experimentar esa emoción recordando tales palabras. Ten muy presente esta experiencia para dirigirte a los menores, dado que algunas palabras pueden tener un gran impacto en su vida y en el modo en el que se perciben a sí mismos. Decide si con tu lenguaje vas a juzgar, evaluar o herir o, por el contrario, vas a amar, respetar y confiar.

Una **palabra de aliento** en el momento adecuado, como un elogio sincero o un mensaje de apoyo, puede darle a un niño la confianza y la motivación que necesita para seguir adelante y poder superar los obstáculos. Expresar también amor con **palabras afectuosas y de cariño** fortalece los lazos emocionales y crea conexiones significativas con los menores. Hay también **palabras inspiradoras** que tienen el poder de avivar el entusiasmo en momentos de gran desafío y **palabras de cambio**, que influyen en la forma en la que se ve el mundo y en los comportamientos futuros.

Algunos ejemplos de mensajes poderosos pueden ser: «Eres más fuerte de lo que crees», «Cada desafío te hace más fuerte», «Tu camino es único y especial, no te compares», «Cree en ti mismo», «Te quiero por ser como eres», «Tu singularidad es lo que te hace extraordinario»... Pero recordemos que lo importante es que lo que hables con tus hijos resulte sincero, que los elogios sean específicos, por las cosas que les hacen destacar y no algo genérico que podría decirse a cualquiera, que sientan un amor incondicional.

Como vemos, las palabras tienen el poder de inspirar, sanar, conectar, educar y transformar, por lo que es especialmente importante que se elijan los vocablos con sumo cuidado y que se usen siempre pensando en el bienestar de todos y particularmente desde la infancia, que es una edad de aprendizaje. Esto contribuiría a que el síndrome del impostor no tomara fuerza.

PRÁCTICA.
JUGAMOS CON LAS PALABRAS

En esta práctica es importante que los niños comprendan el impacto que las palabras y los mensajes tienen en su vida y en la de los demás, que descubran el poder emocional de los mismos, fomenten la empatía y practiquen la comunicación efectiva.

1. **Identificar palabras y mensajes positivos y negativos**

   ▪ Prepara diferentes cartulinas con palabras y mensajes positivos y negativos. Puedes poner palabras como felicidad, alegría, gratitud, amor, esperanza, admiración, confianza, orgullo, paz, sonrisa, inútil, incapaz, feo, perezoso, débil, fracasado, imposible, odio, envidia, culpa, soledad, celos... Para las expresiones, procura reproducir algunas de las que habitualmente están escuchando; reprodúcelas tal cual para que se sientan más identificados.

   ▪ Pídeles a los niños que clasifiquen las cartulinas según si creen que tienen un impacto positivo o negativo en las personas.

   ▪ Pregúntales qué sienten ante alguna de esas palabras.

   ▪ Invita a dialogar y que expresen por qué creen que unas palabras son más poderosas que otras.

2. **Creación de mensajes positivos**

   ▪ Reparte cartulinas en blanco e invítalos a que escriban o dibujen mensajes positivos en ellas. Pueden ser palabras de aliento, elogio o expresiones de gratitud.

   ▪ Dales la oportunidad de que empleen toda su creatividad para expresarse.

3. **Exploramos nuestras emociones**

   ▪ Una vez que tengan los mensajes positivos que han creado, pueden compartirlos con los demás.

   ▪ Invita a los otros niños a que digan qué les hace sentir ese mensaje.

   ▪ Pregúntales cómo creen que podría impactar positivamente en otras personas.

4. Reflexión final

Al terminar la práctica, reflexiona con los niños acerca de lo que han aprendido con la actividad:

- ¿Qué han descubierto?
- ¿Cómo pueden fomentar relaciones más positivas con sus palabras?
- ¿Cómo pueden aplicar este conocimiento en su vida diaria?

Anímalos a comprometerse a utilizar estas palabras de forma consciente en el futuro. Pueden colgar sus cartulinas en algún lugar visible.

LA IMPORTANCIA DE LOS EJEMPLOS

Los niños aprenden por imitación. Observan y aprenden de las acciones, actitudes y comportamientos de las personas que los rodean, especialmente de los padres y otros adultos significativos en su vida. El ejemplo es una de las mejores herramientas para educar, y la ejemplaridad de las acciones tiene un gran impacto en los menores, especialmente en la forma de interpretar la realidad y relacionarse con el mundo y con los otros. Aunque con nuestras palabras les indiquemos o les hagamos recomendaciones, ellos se fijarán siempre en el comportamiento, por eso hay que ser coherentes con lo que se dice y con lo que se hace. Si se quiere que los niños crezcan con seguridad, sin miedo a cometer errores o fracasar, los adultos que los acompañan también deben mostrarse seguros y sin miedos.

En el apartado anterior hablábamos de las palabras y de la importancia de cuidarlas, pero si el adulto muestra un comportamiento negativo, este prevalecerá en la mente infantil, aunque con palabras se le intente explicar que no imite esa actuación. Si le decimos a un niño que no debe insultar ni tratar mal a los demás y nos ve discutiendo e insultando a otro conductor en un altercado de tráfico, no valdrá de nada explicarle después que él no debe actuar así. Lo mismo si nos ve dudando o con temor ante un nuevo desafío por si fracasamos, no le podremos decir posteriormente que no tenga miedo a cometer errores. Él interpretará que es muy malo fracasar.

Los adultos son para los menores el **modelo de comportamiento** a seguir. Si ven comportamientos positivos, como amabilidad, respeto y perseverancia, es probable que adopten estas cualidades en sus actuaciones. Los ejemplos son la mejor manera de que **interioricen los valores de la sociedad**. Viendo cómo sus padres los aplican en situaciones cotidianas, es como mejor quedarán grabados en su mente y actuarán del mismo modo. Los padres que se muestran seguros y positivos frente a los desafíos proporcionan un **modelo de resiliencia** que los hijos imitarán, y aprenderán a afrontar sus propios retos con una actitud similar, aumentando su confianza y capacidad para manejar situaciones difíciles. Los niños aprenden a **gestionar sus emociones** y a interactuar con los demás observando cómo lo hacen sus padres. Si estos se comunican eficazmente, sus hijos estarán más preparados para tener mejores relaciones interpersonales, y si los ven mostrando preocupación y cuidado por los demás, aprenderán de la importancia de la compasión y la empatía.

LA FUERZA DE LA COSTUMBRE

Las actuaciones, a fuerza de repetirlas, se convierten en un hábito del que a veces no somos conscientes de su importancia. Si quieres ser un buen referente para tus hijos, empieza por repasar qué comportamientos son los que no te gustaría volver a repetir delante de ellos para que no los imiten. Presta atención a tus actuaciones y apunta cada semana en una libreta cuáles son las que no quieres seguir repitiendo.

Si quieres que tus hijos no desarrollen el síndrome, tu ejemplo es muy valioso para que crezcan con confianza y seguridad en sí mismos:

- **Demuestra autoconfianza**. Confía en tus habilidades y toma decisiones de manera segura. Es importante mostrarles que confías en ti mismo y puedes afrontar desafíos de forma positiva.

- **Fomenta la perseverancia**. Es bueno que los hijos vean que la perseverancia y el esfuerzo son claves para lograr las metas.

- **Maneja los errores de manera positiva**. Los niños observan cómo actúan los padres ante los errores y los fracasos. Si lo hacen considerándolos como oportunidades de aprendizaje y hablan abiertamente de ellos, los hijos harán lo mismo.

- **Muestra respeto por ti mismo**. Es básico que los hijos vean a sus padres tratándose a sí mismos con respeto y aceptación. No te critiques delante de ellos.

- **Expresa tus emociones de manera saludable.** Cuando elogies a tus hijos, sé específico sobre lo que han hecho bien y cómo sus acciones muestran cualidades positivas suyas como la creatividad o la perseverancia.

PRÁCTICA.
APRENDEMOS DE LOS FRACASOS

Esta práctica ayuda a los niños a comprender que los errores son parte del proceso de aprendizaje y pueden reflexionar en torno a sus propias experiencias para identificar oportunidades de mejora.

1. **Introducción a la actividad**

   - Comienza explicando a los niños que todos cometemos errores, que estos forman parte del proceso natural de aprendizaje y que, a menudo, el fracaso hace que perdamos fuerza para continuar, pero que los logros solo se consiguen con perseverancia.

   - Cuenta historias de personajes famosos de éxito que fracasaron antes de triunfar. Aquí tienes unos ejemplos, pero encontrarás muchos más:

     ○ **Walt Disney**. Antes de convertirse en pionero de la animación, tuvo varios contratiempos en su vida profesional. Llegaron a despedirle de su trabajo como ilustrador de un periódico por no tener suficiente imaginación. Perdió los derechos de su primer personaje animado reconocido y tuvo que arriesgar todos sus ahorros en la producción de su primer largometraje animado, *Blancanieves*, con el que alcanzó el éxito. Demostró que no hay que rendirse y perseguir los sueños. «Si puedes soñarlo, puedes hacerlo», decía.

     ○ **Thomas Alva Edison**. Para inventar la bombilla tuvo que hacer más de mil intentos. Sus alumnos le preguntaban si no se desanimaba ante tantos fracasos, pero él consideraba que, con cada intento, sabía un motivo más por el cual la bombilla no funcionaba. «Ahora ya sé mil maneras de no hacer una bombilla», llegó a decir.

     ○ **J. K. Rowling**. A la autora de *Harry Potter* no le fue siempre bien. Estuvo tiempo sin trabajo y llegó a estar en la ruina, hasta que publicó su primera obra en 1997 —que habían rechazado anteriormente en 12 editoriales— y alcanzó el éxito mundial. «No conocía a nadie tan fracasado como yo», «es imposible vivir sin fracasar», llegó a afirmar la escritora.

2. Compartimos experiencias

- Pide a los niños que piensen en situaciones personales donde las cosas no salieron como esperaban.

- Luego, pueden hablar de ella en público explicando qué sintieron en aquel momento y qué aprendieron de esa experiencia.

3. Creamos un diario de aprendizaje

- En un cuaderno pueden escribir algunos errores que han cometido y lo que han aprendido de cada uno de ellos.

- Después de reflexionar sobre los mismos, pueden contestar a la siguiente pregunta: ¿Qué harán diferente la próxima vez? Lo pueden dejar por escrito también.

4. Diseñamos un plan de acción

- Ayuda a los niños a diseñar estrategias concretas a fin de abordar situaciones similares en el futuro.

- Anímalos a que reflexionen acerca de cómo podrían aplicar lo aprendido en otras áreas de su vida.

- Fomenta un diálogo a través del cual los niños compartan también entre sí sus ideas y reciban retroalimentación de sus hermanos o compañeros.

5. Reflexión final

- Resalta la importancia de mantener una actitud positiva y de aprendizaje continuo ante los fracasos.

- Termina la práctica dando valor a que sean capaces de hablar de sus errores y compartir su experiencia con otros.

CORTAR EL CORDÓN UMBILICAL

Para los padres, suele ser difícil dejar que sus hijos tomen sus propias decisiones por el miedo a que se equivoquen y sufran. Sin embargo, es fundamental que desde pequeños sientan que son capaces de tomarlas, que se comprometan con sus elecciones y asuman que unas veces estas los llevan al triunfo y otras a un fracaso, y que de eso también se aprende. Muchas veces se tiende a facilitarles el camino intentando que cometan el menor número de errores posible, aunque con esto se está limitando su capacidad de aprendizaje y mermando la confianza que pueden tener en sí mismos, lo cual puede contribuir a que de adultos experimenten el síndrome del impostor.

La **sobreprotección** puede tener consecuencias a largo plazo en la autonomía y confianza, y **dificulta el desarrollo de habilidades** para resolver problemas y conflictos de manera efectiva. Es posible que los niños crezcan dudando de sus propias capacidades, lo que puede llevarles a tener una **baja autoestima**. En ocasiones, esto genera un **exceso de dependencia** de los demás y la incapacidad para interactuar con el mundo de manera autónoma hace que vivan con un **mayor nivel de ansiedad y miedo**, especialmente ante situaciones nuevas o desconocidas. Evitar una sobreprotección ayuda a que los menores vayan aprendiendo a manejarse por la vida resolviendo las dificultades que se van encontrando.

Para conseguir que todo ocurra de la mejor manera, es importante que el niño tenga seguridad emocional. Este es el vínculo que se establece entre los cuidadores y los niños y que los dota de confianza en sí mismos y en los demás. Una vez transcurrido este periodo vital, la persona estará preparada para atravesar las distintas etapas de la vida de una manera saludable.

DUEÑOS DE SUS VIDAS

A veces los padres tienen la sensación de que la vida de sus hijos les pertenece, que son de su propiedad, y se los sobreprotege de tal modo que se les impide que se desarrollen por sí mismos de forma autónoma y consciente. Queremos que tengan lo que nosotros no hemos tenido, que no caigan en los mismos errores que hemos cometido en nuestra vida y que sigan el camino que empezamos a trazarles desde la infancia.

En ocasiones, cuesta aceptar que no podemos vivir las experiencias por ellos, que son dueños de sus vidas y que tienen el derecho y la obligación de dirigirla de acuerdo a sus intereses. Es fundamental educar en la libertad, en la responsabilidad y en la autonomía, marcando normas y límites para que se conviertan en adultos competentes y seguros de sí mismos. El apoyo de los padres es fundamental, siempre y cuando se evite la sobreprotección. Para ello:

- **Fomenta la independencia**. Permite que los niños tomen decisiones adecuadas según su edad, se comprometan con su elección y experimenten las consecuencias de esas decisiones. Pueden empezar con pequeñas cosas cotidianas como elegir su ropa o gestionar su asignación semanal.

- **Enseña habilidades de resolución de problemas**. Procura no resolver directamente cada dificultad que se presente ante ellos. Guíalos en el proceso para que puedan llegar a una solución. Primero, que identifiquen cuál es el problema. Luego, hazles preguntas abiertas para que piensen posibles soluciones y razonen sus pros y contras. Anímalos a que tomen una decisión y evalúen luego el resultado.

- **Promueve experiencias seguras pero desafiantes**. Anímalos a probar cosas nuevas que supongan para ellos un pequeño desafío. Establece expectativas realistas con la actividad. Con tu apoyo, no dirección, será más fácil que se lancen a experimentar y desarrollarán su resiliencia y aprenderán a manejar el fracaso de manera constructiva.

- **Brinda apoyo emocional**. Guía a los niños cuando lo necesiten, aunque evita intervenir directamente y darles las cosas resueltas. Invítalos a expresar y compartir sus emociones, dudas y miedos. La aceptación de la realidad es el primer paso para tomar decisiones.

- **Sé un ejemplo**. Ya hemos visto anteriormente que tu comportamiento y forma de actuar es el modelo que tienen como referencia para su propio aprendizaje. Demuestra con tus acciones cómo afrontas los desafíos y tomas decisiones. Los niños aprenden mucho de la observación.

Encontrar el equilibrio entre proteger a los niños y permitirles que exploren y aprendan por sí mismos es fundamental para que fortalezcan su autoestima, crezcan en autonomía y seguros de poder tomar su propias decisiones y comprometiéndose con ellas. Aprenderán igualmente a gestionar de modo saludable sus fracasos, interiorizándolos como algo normal de la vida y una oportunidad de aprendizaje. Con estas bases sólidas, disminuirá la probabilidad de que desarrollen el síndrome del impostor, y tú habrás contribuido mucho en la confianza que sentirán en ellos mismos.

PRÁCTICA.
TOMAMOS DECISIONES

Fomentar la toma de decisiones en niños es esencial para desarrollar su autonomía y confianza. Deben acostumbrarse a decidir en sus actividades cotidianas, y también puedes ayudarlos a que practiquen esta habilidad con juegos divertidos y educativos. Vamos a ver varias opciones.

1. Practica con decisiones cotidianas

- Permite que los niños tomen sus propias decisiones, por pequeñas que sean. Las decisiones cotidianas son también muy importantes: ofréceles varias opciones para que decidan qué ropa ponerse cada día, que elijan la fruta que van a comer o cómo ordenan sus juguetes, por ejemplo.

- A la hora de jugar, déjalos que escojan el juego con el que quieren practicar. Ofréceles alternativas bien diferentes. A ti también te permitirá descubrir por dónde van sus intereses.

- Si te acompaña a la compra, déjalos que decidan en algunos de los productos. Puedes preguntarles acerca de los motivos por los que escoge esa opción, lo que los ayudará a reflexionar y a no tomar decisiones al azar. Además, se sentirán valorados e integrados en la actividad.

2. Preséntales juegos de ingenio

Los rompecabezas, adivinanzas, bloques de construcción y juegos de lógica estimulan la capacidad de pensar de los niños, permitiéndoles analizar, pensar en diversas estrategias y elegir entre opciones para buscar la solución.

- Cuando se encuentren con problemas complejos, ayúdalos a descomponerlos en partes más sencillas. Enséñales a identificar los elementos claves del problema que están resolviendo.

- Anímalos a que planteen diversas propuestas para lograr la solución y que se decidan por una de ellas.

- Si la opción elegida resulta fallida, hazles reflexionar sobre lo que ha podido fallar y lo que han aprendido con esa decisión.

3. Elegir entre diferentes escenarios

- Utiliza distintas cartulinas para presentar en cada una un escenario donde los niños tengan que tomar una decisión y elegir entre varias opciones. Los escenarios pueden ser, por ejemplo, escoger entre ayudar a un amigo con una tarea o jugar a un videojuego; elegir entre jugar en el parque, nadar o leer; gastarse el dinero que tienen en hacer un regalo, comprarse un refresco, o ahorrar... Plantea diferentes situaciones que te parezcan interesantes y adecuadas para la edad del pequeño.

- Pide a cada niño participante que hable sobre:
  - Las opciones disponibles.
  - Considere las consecuencias.
  - Lo que sentiría en cada una de ellas.
  - Valore lo que más le importa.
  - Establezca dos motivos que justifiquen su elección.

- Finalmente, debe decidir cuál es la mejor elección para él y explicar qué consideró para tomar esa decisión.

4. Decisiones del pasado

Pide a cada niño que piense en alguna decisión que haya tomado recientemente y pregúntales:

- ¿Qué consecuencias tuvo su decisión?
- ¿Cómo se sintió?
- ¿Qué aprendió de esa experiencia?
- ¿Cómo aplicaría su aprendizaje a la hora de tomar decisiones futuras?
- ¿Qué motivo fue clave para llegar a tomar esa decisión?

Con estas actividades los niños llegarán a ser más conscientes de sus decisiones, las consecuencias de las mismas y les permitirá evaluar las opciones de manera más crítica. Irán ganando confianza y seguridad en sí mismos y adquirirán herramientas valiosas para su desarrollo personal y social.

A lo largo de este capítulo, hemos visto cómo educar a los menores prestando atención a sus emociones, sentimientos, intereses, singularidad, personalidad... Es muy importante practicar la escucha activa, que se sientan valorados y partícipes de las decisiones, que crezcan en un entorno donde los modelos positivos refuercen su aprendizaje e interioricen el poder que las palabras tienen en las emociones y puedan desarrollar su empatía. Con cuidado y atención, los niños se convertirán en adultos independientes, con una autoestima sólida, conscientes de sus capacidades y valores, con confianza en sí mismos y podrán afrontar y gestionar las dificultades de la vida sin sentirse unos impostores.

EPÍLOGO.
VIVIR SIN SENTIRSE
UN FRAUDE

Al llegar al final de este libro es el momento de reflexionar sobre el camino recorrido, desde el análisis

de la naturaleza del síndrome del impostor hasta la exploración de métodos para gestionarlo de una manera efectiva y superarlo. Cada capítulo ha estado dirigido a lograr una comprensión más profunda de este sentimiento para llegar al origen del mismo y desactivarlo.

Es posible que, cuando comenzaste a leer las primeras páginas, te identificaras con la descripción de alguien que, a pesar de sus éxitos evidentes, no puede quitarse la sensación de ser un fraude. Sin embargo, espero que ahora que llegas al final de este recorrido, te encuentres con las herramientas necesarias para desafiar esos pensamientos negativos e invasivos que socavan tu autoestima y debilitan tu autoconfianza.

Recuerda que el camino hacia la superación del síndrome del impostor es personal, único y, en cierto modo, nunca termina. Cada nuevo desafío y cada nueva oportunidad puede provocar esos viejos sentimientos de no ser suficiente, de no tener la capacidad necesaria para superar el reto con éxito. Ahora tienes una preparación mayor para reconocer esos pensamientos por lo que son, voces de una narrativa que ya no tienes que aceptar como tu verdad. Reestructura tu diálogo interno y deja atrás la autocrítica destructiva. Cada vez que eliges creer en ti, refuerzas tu verdadera capacidad y reduces el poder del impostor en tu interior.

Acepta cada experiencia como una oportunidad de crecimiento y aprendizaje. Sigue adelante plantando cara a tus miedos, practicando las técnicas propuestas y con la certeza de que eres singular, capaz y mereces tus éxitos. Vive sin sentirte un fraude y celebra tus logros.

Ahora, imagínate de nuevo en ese escenario del que hablamos en la introducción. Te encuentras ante un auditorio repleto de espectadores que ansían escuchar tus palabras. Pisa con fuerza las tablas y deja que la luz te enfoque. Respira hondo y sé consciente del momento. Si aparece esta pregunta en tu mente: «¿Soy lo bastante bueno/a?»… recuerda que solo hay una respuesta posible: «¡SÍ, LO SOY!».

BIBLIOGRAFÍA

André, Christophe y Lelord, François (2000). *La autoestima*. Barcelona, Editorial Kairós S. A.

Bachrach, Estanislao (2015). *En Cambio. Aprende a modificar tu cerebro para cambiar tu vida y sentirte mejor*. Barcelona, Penguin Random House Grupo Editorial S. A. U.

Baró, Teresa (2021). *Imparables*. Barcelona, Editorial Planeta, S. A.

Bian, L. *et al.* (2017). *Gender stereotypes about intellectual ability emerge early and influence children's interests*. Science 355, 389-391.

Bourdieu, Pierre (2000). *La dominación masculina*. Barcelona, Editorial Anagrama.

Burin, M (2008). *La «frontera de cristal» en la carrera laboral de las mujeres. Género, subjetividad y globalización*. Revista Anuario de Psicología, Vol. 39 (1), 241-247.

Cadoche, Élisabeth y Montarlot, Anne (2021). *El síndrome de la impostora. ¿Por qué las mujeres siguen sin creer en ellas mismas?* Barcelona, Ediciones Península.

Cañete, Curro (2023). *El poder de confiar en ti*. Barcelona, Editorial Planeta.

Clance, Pauline (1985). *The Impostor Phenomenon*. Atlanta, Peachtree Publishers, LTD.

Clance, Pauline Rose e Imes, Suzanne (1978). *The Imposter Phenomenon in High Achieving Women: Dynamics and Therapeutic Intervention*. Psychotherapy Theory, Research and Practice, Vol. 15(3). Atlanta, Georgia State University.

COLÁS, P. Y VILLACIERVOS, P. (2007). *La interiorización de los estereotipos de género en jóvenes y adolescentes.* Revista de Investigación Educativa, Vol. 25(1), 35-58.

GARR-SCHULTZ, A. Y GARDNER, W.L. (2018). *Strategic self-presentation of women in STEM.* Social Sciences 7(2). DOI:10.3390/socsci7020020.

GOLEMAN, DANIEL (1996). *Inteligencia emocional.* Barcelona, Editorial Kairós S. A.

IZQUIERDO, M. J. *et al.* (2008). *Sesgo de género y desigualdades en la evaluación de la calidad académica.* Arsiux 19, 75-90.

KABAT-ZINN, JON (2007). *La práctica de la atención plena.* Barcelona, Editorial Kairós.

KABAT-ZINN, JON (2009). *Mindfulness en la vida cotidiana: Cómo descubrir las claves de la atención plena/Donde quiera que vayas ahí estás.* Barcelona, Ediciones Paidós.

LERCHENMUELLER, M.J. *et al.* (2019). *Gender differences in how scientists present the importance of their research: observational study.* British Medical Journal 367: 16573.

MEURISSE, T. (2020). *Domina tus emociones: Una guía práctica para superar la negatividad y controlar mejor tus emociones.* Independently published.

MUÑOZ, A. (2017). *Sabias: la otra cara de la ciencia.* Barcelona, Ed. Debate.

MURADOGLU, M. *et al.* (2022). *Women–particularly underrepresented minority women–and early career academics feel like impostors in fields that value brilliance.* Journal of Educational Psychology, Vol. 114(5), 1086-1100.

OBAMA, MICHELLE (2018). *Mi historia.* Barcelona, Penguin Random House Grupo Editorial, S. A. U.

PÉPIN, CHARLES (2019). *La confianza en uno mismo: una filosofía.* Barcelona, Ariel.

PUNSET, ELSA (2014). *El mundo en tus manos.* Barcelona, Ediciones Destino.

ROJAS, M. (2018). *Cómo hacer que te pasen cosas buenas.* Madrid, Espasa Libros.

SANTANDREU, RAFAEL (2018). *El arte de no amargarse la vida.* Barcelona, Penguin Random House Grupo Editorial S. A. U.

Santandreu, Rafael (2018). *Nada es tan terrible*. Barcelona, Penguin Random House Grupo Editorial S. A. U.

Santandreu, Rafael (2021). *Sin miedo*. Barcelona, Penguin Random House Grupo Editorial S. A. U.

Tarasco, Martha y Gómez, José Enrique (2020). *Reflexiones éticas desde el confucionismo: la mujer.* Medicina y ética. DOI: 10. 36105/ mye.2020v31n2.06.

Tellhed, U. & Adolfsson, C. (2018). *Competence and confusion: How stereotype threat can make you a bad judge of your competence.* European Journal of Social Psychology 48: 0189-0197.

Tracy, Brian y Stein, Christina (2018). *Si lo crees, lo creas.* Ciudad de México, Penguin Random House Grupo Editorial, S. A. de C. V.

Young, Valerie (2013). *The Secret Thoughts of Successful Women And Men: Why Capable People Suffer from Impostor Syndrome and How to Thrive in Spite of It. New York.* Crown Business Publishing.